나 혼자 벌어서 산다

비즈니스북스

나 혼자 벌어서 산다

1판 1쇄 발행 2018년 6월 25일
1판 3쇄 발행 2018년 7월 10일

지은이 | 정은길
발행인 | 홍영태
발행처 | (주)비즈니스북스
등 록 | 제2000-000225호(2000년 2월 28일)
주 소 | 03991 서울시 마포구 월드컵북로6길 3 이노베이스빌딩 7층
전 화 | (02)338-9449
팩 스 | (02)338-6543
e-Mail | bb@businessbooks.co.kr
홈페이지 | http://www.businessbooks.co.kr
블로그 | http://blog.naver.com/biz_books
페이스북 | thebizbooks
ISBN | 979-11-6254-025-1 03190

돈에 얽매이지 않는 싱글 라이프를 위하여

나는 스물아홉 살에 '경제적 독립'을 이뤘다.

경제적 독립이 무엇이냐에 대한 생각은 사람마다 다를 것이다. 누군가는 월세 받는 집을 10여 채씩 가지고 있어서 평생 일하지 않아도 살 수 있는 삶을 경제적 독립이라고 말할지 모른다. 하지만 내가 생각하는 독립의 기준은 무척 간단하고 소박하다. '나 스스로를 온전히 내가 먹여 살리는 것'. 이것이 내가 생각하는 경제적 독립의 기준이다. 독립이라는 말 자체가 그렇다. '다른 것에 예속되거나 의존하지 아니하는 상태'. 소박하다고는 했지만 요즘처럼 경제적 독립이 어려운 때도 없다. 천정부지로 오르는 집값, 그대로인 월급, 불안정한 일자리 등 이유는 많다.

나는 스물아홉 살 때 1억 원을 모아 내 집을 마련했고, 생활비 정도만 벌어도 내가 나를 먹여 살리는 데 큰 지장이 없도록 안정적인 경제 시스템을 구축해 놓았다. 즉, 내가 세운 기준에 따라 경제적 독립을 이룬 것이다. 보통 이런 이야기를 하면 사람들은 비슷비슷한 반응을 보인다. "아나운서였다더니 월급이 엄청 많았나 보지?", "금수저인가 보네.", "알고 보니 투자의 고수 아냐?"

안타깝게도 나는 그 어디에도 해당되지 않는다. 월급은 국세청이 발표한 대한민국 직장인 평균 급여 이하였고, 금수저는 구경도 못 했으며, 투자의 고수는커녕 그 비슷한 사람도 만나 본 적 없다.

나는 그저 100만 원대로 시작한 월급으로 절약과 저축, 관리를 했을 뿐이다. 퇴사 후에 고정 수입이 사라지고 나서는 내 능력으로 수입을 만들어 내는 방법, 즉 다양한 활동과 돈의 방향을 잘 연결해 지속적인 수익을 만들고 있다.

내가 이런 이야기를 하는 이유는 단 하나다. 평범한 월급쟁이도, 돈을 잘 알지 못하는 사회 초년생도, 싱글도 얼마든지 나름의 돈 관리를 통해 먹고사는 고민을 덜 수 있다는 말을 하고 싶어서다. 여기서 말하는 돈 관리 방법은 주식이나 부동산 같이 공부가 필요한 일도 아니고 일확천금의 기회가 있다는 비트코인 투자는 더더욱 아니다. 그저 내가 지금 벌고 있는 돈, 미래에 벌 수 있는 돈으로 스스로의 경제적 독립을 이룰 수 있는 방법이다.

나는 중학교 때부터 경제적으로 독립을 해야 진짜 어른이 된다고 믿었다. 그리고 그 경제적 독립의 근간은 내 힘으로 마련한 '나만의 공간'이라고 생각했다. 즉, '내 집 마련'이 곧 경제적 독립이라고 여겼다. 서른 전에 이 단계를 성공적으로 완수하고, 이제는 하고 싶은 일을 하며 돈을 버는 것에 더 많은 관심이 생기면서 이런저런 도전들을 실천해 나가고 있다.

처음부터 밝혀 두자면 나는 서른한 살에 결혼을 했다. 심지어 부부의 돈 관리 습관에 관한 책을 출간한 적도 있다. 그럼에도 나의 돈 관리 습관은 결혼과는 무관하다. 이미 결혼 전에 돈 관리 습관을 내 것으로 만들었기 때문이다. 나의 돈 관리는 결혼 여부와 상관없는 내 계획이었다. 누군가는 언제 결혼을 하게 될지 몰라 이사를 가는 것도, 보험에 가입하는 것도, 새 전기밥솥을 사는 것도 미룬다고 한다. 하지만 나는 철저히 나의 경제적 독립에 맞춰 돈을 관리했다. 그러자 스물아홉 살에 1억 원을 모았고 그 돈으로 서울 하늘 아래 내 집을 마련할 수 있었다.

나는 이러한 돈 관리 경험을 살려 '직장인의 돈 관리'라는 수업을 오랫동안 진행한 적이 있다. 수강생들에게 왜 이 수업을 들으러 왔느냐고 물으면 대부분 비슷한 대답을 한다. 바로 '결혼 자금 마련' 또는 '노후 대비' 방법을 알고 싶어서란다. 싱글 여성 직장인들은 당장 결혼할 상대가 있는 것도 아니면서 결혼 자금을 걱정하거나, 결혼에 관심이 없으면 노후를 걱정했다.

물론 이러한 준비가 무조건 나쁘다는 것은 아니다. 다만, 하게 될지 안 하게 될지도 모를 결혼을 위해 막연히 돈을 모으는 것은 확실한 목표를 가지고 돈 관리를 하는 것과 그 결과가 상당히 다를 수밖에 없다. 절실하지 않은 마음으로 막연히 돈 관리를 하며 이래저래 새는 돈도 막지 못하면서, 구체적이고 명확한 목표를 향해 치열하게 돈 관리하는 사람의 통장 잔고와 자신의 것을 비교하기 시작하는 순간, 비극은 시작된다. 열심히 돈을 벌어도 나만 가난한 것 같다거나 아무리 노력해도 행복해질 것 같지 않다는 생각이 들거나, 미래 계획을 어떻게 세워야 하나 도무지 갈피가 잡히지 않는 것이다.

이 모든 문제는 돈 관리의 목적이 모호하고 불투명한 데서 비롯된다. 돈 문제는 단순히 돈 자체만 놓고 보면 안 된다. 돈이 왜 필요한지, 어떻게 모을 것인지, 언제 어디에 쓸 것인지 등 나의 계획이나 라이프스타일과 함께 생각해야 한다. 돈과 점점 멀어지는 삶을 살고 싶지 않다면, 막연한 계획 대신 분명한 목표부터 정하자.

"돈 관리에서 분명한 목표가 중요한 건 알겠는데, 무얼 목표로 삼아야 할지 모르겠어요."

혹시 이 말에 공감되는가? 충분히 이해한다. 대학 입학과 동시에 취업을 준비하느라 모든 것을 쏟아부었고, 취업 후에는 하루하루 고된 업무에 시달리느라 결혼은커녕 연애도 멀어졌을 것이다. 그런 상황에서 돈 관리의 목표를 세우는 건 생각보다 낯선 일일 수 있다. 하지만 그래서 더욱더 먼저 그 목표를 정하라고 말하고 싶다. 싱글인 직장인들에게 '경제적 독립'을 목표로 한 돈 관리를 지금 당장 시작할 것을 강력히 권한다.

경제적 독립은 행복한 싱글로 사는 기본 중의 기본 조건이다. 경제적 자립 없이는 다니고 싶지 않은 회사를 그만두기도 힘들고, 하고 싶은 공부를 위해 유학을 떠나는 일도 불가능하다. 머리를 식히러 장기간 훌쩍 여행을 떠나기도 어렵다. 지독하게 쌓인 스트레스를 푸는 경제적 방법이라곤 늦은 밤 야식을 먹는 것과 세일하는 화장품 몇 개를 사는 것 정도에 머물게 될 뿐이다. 내 손으로 내 삶을 가꾸고 설계하고 변화를 주는 것은 경제적 독립 없이는 힘들다.

실제로 서른이 되기 전에 내가 집을 마련하면서 경제적 독립을 실현해 보니 많은 것들이 수월해진다는 걸 피부로 느낄 수 있었다. 낡고 작은 초라한 공간이었지만, 그럼에도 주거의 안정은 싱글인 나에게 큰 힘이 되었다. 무엇보다 내 힘으로 무엇이든 할 수 있다는 자신감을 안겨 주었다. 또한 큰 목표를 이룬 경험은 다음 목표를 세우고 성취하는 일을 일상적인 습관으로 만들어 주었다. 집을 장만했을 때만 해도 결혼 계획이 없었지만, 경제적 독립을 이룬 기반 덕분에 부모님의 도움 없이도 결혼 준비에 큰 부담을 느끼지 않을 수 있었다. 여기에 더해 2013년 말에는 회사를 그만두고, 1년간 세계 여행을 다녀오기도 했다.

하던 일을 모두 내려놓고 세계 여행을 다녀온 이후 내 삶의 화두는 '일'이 되었다. 어떻게 하면 내가 좋아하는 일로 돈을 벌 수 있을지, 어떻게 하면 내 몸값을 높일 수 있을지, 어떻게 하면 회사를 다니는 것보다 더 안정적으로 오랫동안 돈을 벌 수 있을지를 생각하고 또 생각했다. 그 답을 찾을 수 있다면 미래에 지속적인 수입을 창출할 방법을 알아낼 수 있을 것이다. 평생직장이 사라진 오늘날을 사는 우리가 꼭 해 봐야 하는 고민이기도 하다. 이러한 일만 찾을 수 있어도 건물주가 되고 싶다는 막연한 푸념을 끝낼 수 있다. 오랫동안 수입을 만들 수 있는 '일'은 '미래의 돈'을 위한 필수 조건인 셈이다.

하고 싶은 일이 생기면 많은 사람들은 왜 그 일을 할 수 '없는지' 현실적인 이유를 찾는다. 할 수 있다고 생각하는 사람들은 현실적인 어려움에 괴로워하는 대신 "어떻게 하면 그 일을 할 수 있을까?" 하는 실질적인 방법을 고민한다. 나는 이 차이가 결정적으로 돈 문제에서 비롯다고 생각한다. 경제적으로 여유가 있다면 긍정적인 고민을, 그렇지 않다면 부정적인 고민을 할 것이다. 전자의 사고방식을 갖고 살길 원한다면 경제적 독립을 돈 관리의 목적으로 삼아 보자. 그것이 삶을 보다 자유롭게 해 주기 때문이다. 단, 여기서 말하는 경제력이란 단순히 돈을 많이 버는 능력을 말하는 게 아니다. 다소 부족한 수입일지라도, 돈 때문에 어려움을 겪지 않는 싱글이 되기 위해 돈을 '관리'하는 능력을 말하는 것이다.

많지 않은 월급도 제대로 관리해 주면 얼마든지 결실을 맺을 수 있다. 나는 이를 실제로 겪어 본 경험자이다. 그리고 이것이 바로 싱글로 살아가는 많은 이들을 위해 돈 관리 책을 쓰기로 결심한 이유이다. 결혼과 상관없이 돈 관리는 꼭 필요하며, 이 습관이 지속된다면 행복한 싱글 라이프도 얼마든지 즐겁게 누릴 수 있다.

일부 싱글들은 이런 말을 하기도 한다.

"결혼하면 뭐 해? 허리만 휘지. 혼자 살면 돈도 적게 들고 더 편해!"

틀린 말은 아니다. 혼자 살고 혼자 쇼핑하고 혼자 밥을 먹고 혼자 영화를 보고 혼자 술을 마시는 것. 요즘 TV에도 자주 등장하는 혼자 사는 사람들의 라이프스타일이다. 자녀가 둘인 4인 가족 기준으로 이 모든 걸 한다면 소비의 규모가 훨씬 더 커진다. 싱글의 경우 자녀가 있는 가정보다는 상대적으로 생활비가 적게 들기에 필수적인 지출에 큰 부담을 느끼지 않기도 한다.

그러나 소비에 부담이 적은 대신 싱글에게도 경제적 위험부담은 존재한다. 결혼한 사람들보다 지출이 적기에 돈 관리의 필요성을 다소 느슨하게 느낄 수는 있지만 수입이 갑자기 끊기는 등의 위험도 오롯이 혼자 감당해야 하기 때문이다. 부부 중 한 사람에게 문제가 생겼을 때는 다른 사람이 수입을 담당할 수 있다. 부모가 모두 건강 등의 이유로 돈을 벌지 못한다면 장성한 자녀가 그 역할을 대신하기도 한다. 즉, 위험부담이 분산된다. 그러나 싱글은 그렇지 않다. 처음부터 끝까지 직접 결정하고 그 결과를 스스로 감당해야 하는 상황이라는 걸 생각한다면, 싱글의 돈 관리 역시 결코 만만한 문제가 아님을 이해할 수 있을 것이다.

어쨌거나 지금 혼자 살고 있다면, 혹은 앞으로도 싱글의 삶을 살기로 했다면 이 같은 결정에 '경제적 독립'을 위한 돈 관리를 반드시 포함시키자. 더 이상 돈 관리를 '바쁘고 귀찮아서', '어렵고 힘들 것 같아서' 등의 이유로 미루지 말자. 미루면 미룰수록 나만 손해다. 돈 관리는 생각보다 단순하며, 나에게 가장 잘 맞는 방법으로 실천하면 그만이다. 이왕이면 '그냥 싱글'보다 '경제적으로 여유 있는 행복한 싱글'이 더 낫지 않은가?

이 책에서는 행복한 싱글의 조건을 크게 두 가지 키워드로 다루고 있다. 바로 '현재의 돈'과 '미래의 돈'이다. 제1부인 '현재의 돈 그릇을 확인하라'에서는 '내 집 마련'을 위한 돈 관리법에 대해 이야기하려고 한다. 그러고 나서 제2부인 '미래의 돈 그릇을 키워라'에서는 평생 수입을 확보하기 위한 '일 찾기'에 대해 살펴보겠다.

나는 어떤 펀드에 가입을 하고, 어느 지역의 부동산이 좋은 물건인지 알려 줄 수 없다. 그런 정보는 투자 성향과 각자의 상황에 따라 다 다르게 적용되어 절대적인 정답이 있을 수도 없을뿐더러 시대에 따라 다른 모습을 하고 있기 때문이다. 하지만 '거주할 공간'과 '수입을 만드는 일자리'는 누구에게나 반드시 필요한 법이다. 이 두 가지만 확실히 가지고 있다면, 경제적 독립은 그리 어렵지 않다. 목적지만 분명히 알고 있다면 그곳으로 가는 데 필요한 방법은 저마다의 상황에 맞춰 찾을 수 있기 때문이다. 이 책은 그 길을 먼저 경험한 선배의 조언 정도로 생각해 주었으면 좋겠다.

싱글의 장점은 자유로움이다. 매일 똑같은 삶 대신 즉흥적인 변주를 꾀할 수도 있고, 누군가의 동의나 허락 없이도 마음껏 일을 벌여도 상관없다. 경제적으로 여유롭다면 이 모든 게 한결 수월해진다. 이러한 싱글의 장점을 부족한 돈 때문에 지레 포기하지 않길 바란다. 현재의 돈을 잘 관리한다면 미래의 돈 역시 밝고 예쁜 모습으로 기다리고 있을 것이다. 이를 위한 최선의 준비가 바로 '집'과 '일'이다.

지금부터 이 두 가지에 대해 자세히 이야기해 보려 한다.

차 례

나 혼자 산다, 여유롭게

푼돈을 큰돈으로 만드는 단 하나의 공식, 습관

제3장 나 혼자 산다, 불안하게

언제까지 남의 돈만 받으면서 살 것인가?

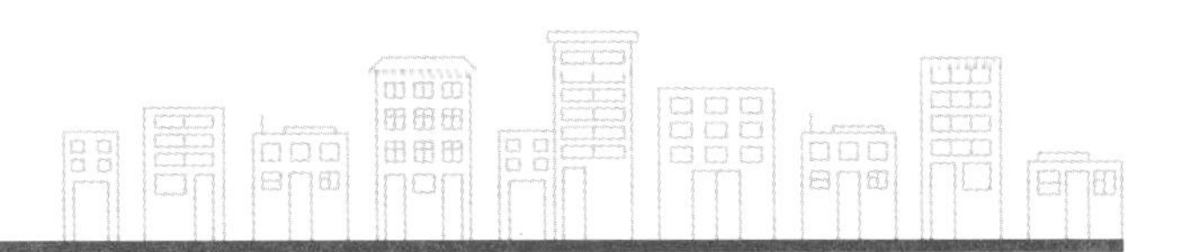

제4장 나 혼자 산다, 자신 있게

어디서나 누구와도 일할 수 있는 나를 만드는 법

싱글, **현재의 돈 그릇**을 확인하라!

나 혼자서도 멋지게 살기 위한 내 집 마련 프로젝트

"옛날에 그 주식을 샀어야 했는데."

"지금에 비하면 그때 그 집이 참 싼 거였는데."

한번쯤 이런 말을 해 본 적이 있는가? 이제 와서 생각해 보면 과거에 돈을 벌 수 있는 소중한 기회를 몇 번이고 날린 적이 있을 것이다. 내가 아는 분은 오래전 괜히 이사를 하는 바람에 반포 노른자 땅에 있는 아파트를 마련할 기회를 정말 허무하게 놓친 적도 있다. 두고두고 떠오를 후회의 순간이겠지만 과거는 과거다. 다시 시간을 되돌릴 수 없다면 우리 힘으로 어찌할 수 없는 영역인 과거의 돈에 더 이상 집착하지 말자.

그 대신 우리가 어떻게 해 볼 수 있는 '현재의 돈'에 집중하길 바란다. 현재의 돈은 한마디로 지금 내가 컨트롤할 수 있는 돈을 말한다. 내가 벌어들이는 수입, 내가 줄일 수 있는 지출 등이라고 보면 된다. '현재의 돈'을 어떻게 다루느냐에 따라 '미래의 돈'이 달라질 수 있다.

그렇다면 현재의 돈을 어떤 방향으로 관리하는 것이 좋을까? 경제적 독립 차

원에서 보자면, 나는 첫째도 집, 둘째도 집이라고 말하고 싶다. 경제적 독립의 시작이자 완성은 거주 문제 해결이다. 내가 마음 편히 머물 수 있는 내 집이 있다면 먹고사는 문제는 한결 가뿐해진다. 말 그대로 먹고살 돈만 있어도 생활하는 데 큰 지장이 없기 때문이다. 현재의 돈을 관리하는 목적 자체를 '내 공간 마련'에 집중한다면 돈 관리는 보다 바람직한 방향으로 흘러갈 수 있다.

더 이상 이사를 하지 않아도 되고, 내 마음대로 꾸밀 수도 처분할 수도 있으며, 세입자를 두면 매달 들어오는 월세로 긴 여행을 다녀올 수도 있게 해 주는 내 집이라는 자산은 진정한 경제적 독립의 원천이 된다.

누구나 이 사실을 알고 있다. 문제는 내 집을 마련하는 게 점점 더 어려워지고 있는 현실이다. 서울 세입자 10가구 중 4가구가 월급의 30퍼센트 이상을 주거비로 쓰고 있다. 뉴스에서는 월급쟁이가 월급을 단 한 푼도 쓰지 않고 꼬박 13년을 모아야 서울에 아파트를 장만할 수 있다고 말한다. 이런 현실은 제대로 된 돈 관리를 시작하기도 전에 우리를 질리게 만든다. 어떻게 월급을 단 한 푼도 쓰지 않고 13년을 지낼 수 있단 말인가. 그리고 13년 후엔 집값이 훨씬 많이 올라 결국 내가 모은 돈으로는 집을 살 수 없게 되는 상황을 우리는 오랫동안 지켜보았다. 현실적으로 집값을 모은다는 것부터가 비현실적인 일인 셈이다.

이런 상황에서 집을 목적으로 돈을 관리하는 게 불가능한 미션처럼 느껴질 수 있다. 하지만 그럼에도 거주 문제 해결은 싱글 재테크를 위해 가장 먼저 고려해야 할 사항이다. 국토연구원의 〈2016년 주거실태조사〉 결과를 보면 혼자 사는 사람 중 약 20퍼센트가 반지하나 쪽방, 판자촌에 살고 있고, 홀로 사는 노인은 소득의 절반 정도를 거주비로 소비하고 있다. 물론 숫자로만 집계하는 이 조사 결과가 모든 걸 말해 준다고 볼 수는 없다. 각자 저마다의 사정이 다르고 앞으로의 상황이 어떻게 바뀔지 쉽게 단정할 수 없기 때문이다. 그러나 그 이유가 무엇이든 어쨌거나 우리가 현재의 돈으로 해결해야 할 가장 중요한 문제 중에 많은 수가 '집'을 떼어 놓고 말할 수 없다는 점만은 확실하다.

나는 싱글 여성들이 더 이상 내 집 마련을 현실에서 일어날 수 없는 판타지처럼 느끼지 않기를 바란다. 이제부터 실질적으로 다룰 수 있는 현재의 돈 역량을 '집'이라는 키워드로 집결시켜 돈 관리를 시작해 보자. 정말 치열하게 현재의 돈을 내 공간 마련을 위해 다루다 보면 어느새 내 집이 성큼 내 곁으로 다가올 날이 온다. 그렇게 마련한 공간에서 '미래의 돈'에 집중하다 보면 행복한 싱글로 사는 경제적 독립이 완성되어 있을 것이다. 어디에 쓸지도 모른 채 무작정 저축만 하던 시절과는 비교도 할 수 없는 통장 잔고를 갖게 될 것이다.

엄마들의 경제 멘토로 유명한 이지영 작가의 《엄마의 첫 부동산 공부》에도 이와 비슷한 내용이 나온다.

> 아직 결혼하지 않은 30대 중반의 후배는 얼마 전 직장 근처에 있는 오피스텔로 독립했다. 그전에 부모님과 자주 마찰이 있어 우선 공간부터 독립하라는 나의 말을 듣고 정말로 자신만의 공간을 마련한 것이다. 그

러고 나서 얼마 후 후배는 "언니, 저 너무 행복해요!"라며 기쁜 소식을 전했다. 물론 부모님의 걱정도 여전하고, 공간 마련으로 인해 늘어난 지출도 감당해야 했지만, 이 소중한 공간을 지키기 위해서 회사에서 더욱 열심히 일하게 되었고, 돈을 더 벌어야겠다는 욕심도 생겼다고 했다.

'내 집'은 이렇듯 돈 관리의 명확한 목적이 된다. 언제까지나 부모님에게 의지할 수 없고, 다른 사람에게 내 인생을 책임져 달라 부탁할 수 없다. 이 명확한 세상의 진리만 확실히 받아들여도 막연한 미래, 불투명한 계획을 위해 질질 끌어오던 어중간한 돈 관리를 끝낼 수 있다. 아주 선명하고도 분명한 '내 집'이라는 '실질적인 목표'를 위해 돈 관리를 바로 시작할 수 있기 때문이다.

간혹 부모님이 마련해 준 공간에 혼자 살면서 독립했다고 말하는 사람도 있다. 이럴 땐 '독립'이라는 말 대신 "부모님과 떨어져 혼자 살게 되었다."고 표현하는 게 맞다. 혼자 사는 게 무조건 독립은 아니다. 착각하지 말자. 그 공간을 내 손으로 직접 마련했을 때만이 경제적 독립의 범주에 들어갈 수 있다.

제1부에서는 내 집 마련을 위해 '현재의 돈'을 관리하는 방법을 다루려 한다. 내 집 마련을 위한 구체적인 목표 세우기, 이를 가능하게 하는 방법 찾아내기, 내가 구입할 수 있는 집 알아보기, 내 집을 사기 위한 자금 모으는 법, 불필요한 지출 관리법 등을 두루 살펴볼 것이다.

현재의 돈을 관리하는 핵심은 내 집을 꼭 마련하고야 말겠다는 확고한 의지,

이러한 의지를 현실로 만드는 수입과 지출 관리법이 전부다. 이러한 기본적인 순서를 무시한 채 처음부터 "돈을 두세 배로 불리겠다.", "투자로 승부를 보겠다." 식의 실행은 오히려 얼마 되지도 않는 돈을 금세 사라지게 만들 가능성이 크다. 비트코인으로 부자가 된 사람을 실제로 만나 본 적은 없지만 돈을 잃은 사람은 무수히 많은 것처럼 말이다. 목표를 확실히 하는 과정, 절약과 저축 이야기가 아무리 고리타분하게 느껴진다 해도 그 단계를 거치지 않는 한 내 집 마련은 시작도 어렵다.

지금 내가 벌어들이는 돈, 쓰고 있는 돈이 모두 내 공간을 마련하기 위한 밑거름이 되고 있다는 사실만 잊지 않는다면 우리의 재테크는 한결 안정적으로 이뤄질 수 있을 것이다.

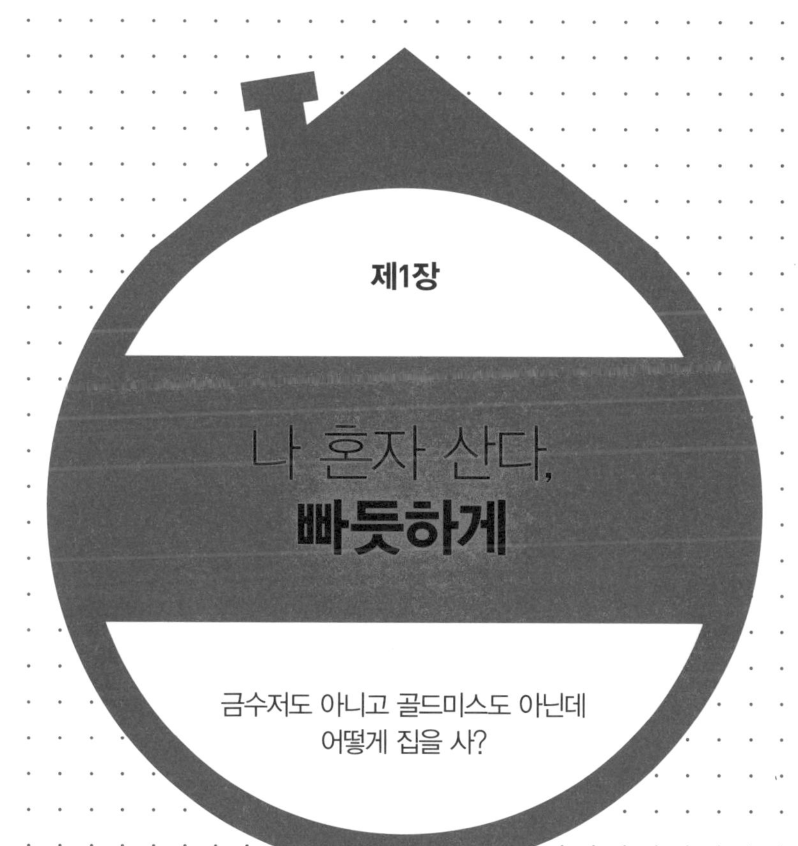

제1장

나 혼자 산다, **빠듯하게**

금수저도 아니고 골드미스도 아닌데
어떻게 집을 사?

딱히 사치하지 않는데 월급이 통장을 스치는 이유

"제가 왜 가난한지 이해할 수가 없어요. 평소에 돈을 많이 쓰는 것도 아니고, 그렇다고 월급이 끊겼던 것도 아니고. 그 이유를 정말 알고 싶어서, 그래서 한번 와 봤습니다."

나는 지난 2016년부터 최근까지 '퇴사학교'에서 직장인을 대상으로 돈 관리 수업을 진행했다. 수업을 시작할 때 수강생들에게 이 수업을 통해 얻고 싶은 게 무엇인지를 꼭 물어본다. 그중 한 싱글 직장 여성은 '가난' 문제로 이 수업을 들으러 왔다고 말했다. 물론 그녀가 말하는 가난은 상대적인 개념일 것이다. 돈이 없어 밥을 굶는 가난이 아닌 몇 년째 계속 월급을 받는데도 이렇다 할 돈이 모이지 않는다는 의미의 가난 말이다. 돈을 벌고 있는데도 왜 할 수 있는 게, 살 수 있는 게 별로 없는 건지 그녀는 알고 싶어 했다.

도대체 그녀는 왜 스스로 가난하다고 느끼는 것일까? 이유는 분명했다. 당장 다음 달 월급이 없으면 생계에 위협을 느끼기 때문이다. 자신이 일하지 않으면 단 한 달도 버티지 못한다는 위기감이 들 때, 그때가 바로 가난을 깨닫게 되는 순간이다. 당장 회사를 그만두어도 최소 1년은 버틸 수 있는 돈이 있다면 대번에 가난하다고 느끼지는 않을 것이다. 그녀는 당장 다음 달 월급이 없으면 곤란해지는 통장 잔고가 불안한 상태였다.

그렇다면 왜 계속 돈을 버는데 통장 잔고가 비는 걸까? 그녀에게 돈을 모으고 싶은 목적을 묻자 한동안 대답을 망설였다. 겨우 입을 뗀 그녀에게 들을 수 있었던 대답은 바로 '노후 준비'였다. 현재의 그녀가 가난하다고 느낄 수밖에 없는 이유가 바로 여기에 있었다. 이 얼마나 막연한 계획이란 말인가.

20~30대 여성 직장인에게 노후 준비는 아주 멀고 먼 미래 계획과도 같다. 노후 준비를 위해 치킨 먹는 걸 한 번 참거나 간절기용 코트를 포기하는 일은 애초에 불가능하다. 오히려 파격 할인 때 사는 게 돈을 아끼는 거라며 세일하는 아이템을 사들이는 것으로 절약을 실천한다고 생각하지 않던가. 크게 사치하지 않아도 돈이 모이지 않는 이유는 돈을 모아야 할 목표가 확실하지 않아서다.

분명 노후 준비는 필요하다. 금융 전문가의 말처럼 노후 준비를 위한 시작은 빠르면 빠를수록 좋다. 이건 미혼이건 기혼이건 크게 상관없다. 은퇴 후 여행도 하고 취미 생활도 하려면 노후 준비에 대한 생각을 미리 하고 이를 위해 돈 관리를 시작해야 한다. 그렇기에 누구나 여유로운 노년 생활을 꿈꾸며 절약과 저축을 습관으로 만들고자 노력한다. 하지만 이게 말처럼 쉽지 않은 것은 다시 한 번 말하지만 '너무 먼 미래'라는 것이다. 흰 머리카락이 나는 것도, 손등에 검버섯과 주름이 생기는 것도 쉽게 상상이 가지 않는 싱글 여성 직장인에게 여유로운 노후를 위한 저축이 과연 피부에 와닿기는 할까?

돈을 모으는 목표도 한 걸음부터

살을 빼는 것도 1킬로그램부터 시작하고, 연애도 썸부터 시작한다. 돈 관리도 마찬가지다. 단계별 스텝을 밟아야지, 중간 과정은 훅 건너뛰고 곧바로 재테크의 최종 목적지인 노후 자금으로 넘어가 버리면 결코 실질적인 돈 관리가 이루어질 수 없다.

막연한 노후 준비, 결혼 자금 등의 흐릿한 목표는 이제 그만 싹 잊어버리자. 그리고 그 자리에 '내 집 마련'이라는 눈에 보이는 목표를 확실하게 넣어 두자. 내 공간이 있다면 결혼도, 노후도 큰 걱정은 덜었다고 봐야 한다. 막연하게 두려워지는 미래를 위한 해결책이 바로 '내 집'이 될 수 있다. 이렇게 구체적인 목표도 없이 돈 관리를 하려 했으니 특별히 사치하지 않아도 돈이 모이지 않았던 것이다.

구체적인 목표가 좋다는 이야기는 정말 많이 들어 봤을 것이다. '다이어트'라는 목표 대신 '6킬로그램 빼기'라는 숫자를 넣어 주는 식이다. '6킬로그램 빼기'는 다시 '3개월' 내에 뺀다는 목표로 쪼개면 더 좋다. 한 달에 2킬로그램씩 감량한다는 작은 계획을 가늠할 수 있기 때문이다. 한 달에 2킬로그램을 감량하기 위해서는 한 정거장 미리 내려서 걷기, 간식 및 야식 끊기, 물 많이 마시기 등 다소 실현 가능한 실행 방안을 떠올릴 수 있게 해 주고 "진짜 한번 해 볼까?" 하는 마음도 생기게 도와준다. 막연히 "6킬로그램만 빼면 좋겠다."는 마음으로는(이건 진짜로 실행하겠다는 계획이 아니라 단순한 소망에 불과하다.) 몇 년이 지나도 아령 한 번 들지 않을 확률이 크다.

이렇게 구체적인 숫자, 명확한 명사, 확실한 동사 등을 넣는 것이 목표를 위한 실행 방안을 세우기에 더할 나위 없이 좋다는 건 더 이상 설명하지 않아도 다 알고 있을 것이다. 돈을 모으는 방법도 마찬가지다. 막연한 노후 대책을 위한 저축 말고 이제는 구체적인 숫자를 넣어 내 공간 마련을 위한 계획을 세워 보자.

다시 스스로를 가난한 싱글 직장인 여성이라고 생각한 수강생의 이야기로 돌아가 보자. 그녀가 만약 자기 소유의 집(정말 낡고 허름하다 하더라도)을 가지고 있었다면 그렇게 확신을 갖고 자신이 가난하다고 말했을까? 그렇지는 않았을 것이다. 오히려 혼자 힘으로 자신의 집을 마련했다는 사실에 뿌듯함을 느끼는 것은 물론 어느 정도 재산을 일궜다고 생각할 가능성이 더 크다. 주관적으로나 객관적으로나 내가 번 돈으로 어느 정도 안정적인 경제적 기반을 다져 놓았다고 생각하게 해 주는 것으로 내 집만한 것이 없다. 그러니 현재의 돈을 집결시킬 목표로 이제부터는 내 집 마련을 생각해 보자. 돈 걱정 없이 미래를 맞이하게 해 주는 상당히 좋은 목표가 될 것이다.

구체적인 목표는 사람을 움직이게 한다

이제 우리는 '내 집 마련'이라는 확실한 돈 관리의 목표를 설정했다. 더 이상 빠듯하게 살고 싶지 않은 현실을 바꿔 보고자 혼자서 여유롭고 당당하게 살고자 굳은 결심을 한 것이다. 이 결심이 단순한 소망이 아닌 현실로 이뤄지길 바란다면 이제부터는 그 목표를 구체적인 숫자로 바꿔 보아야 한다.

실제로 나는 '30세', '1억 원'이라는 숫자를 정했다.

첫째, 30세까지 1억 원 모으기

이것이 나의 구체적인 숫자였다. 나는 20대 초반에 이 목표를 세우고, 꼬박 7년이란 기간 동안 내가 할 수 있는 최대한의 절약과 저축을 실행하며 최선의 노력을 다했다. 7년 동안 한 달에 최소 100만 원 정도를 저축해야 이자를 포함해 1억 원을 모을 수 있는데, 무작정 1억 원을 모으겠다는 마음으로는 결코 이 7년을 무사히 보내지 못했을 것 같다. 나에게는 구체적인 기간과 목표 숫자가 있었기에 중간중간 내가 얼마나 잘하고 있는지를 평가할 수 있었다. 그 덕분에 끝까지 1억 원 달성이 가능했다고 본다.

구체적인 기간, 돈의 액수, 그 돈으로 무엇을 할 것인지 이 3박자가 고루 갖춰진 목표를 세워 보자. 무조건 어렵다, 힘들다는 생각 대신 '어떻게 하면 효율적으로 목표를 달성할 수 있을까' 하는 생각으로 마음이 바뀔 것이다.

구체적인 목표는 사람을 움직이게 한다. "무조건 1등을 하겠다."가 아니라 지난번 등수보다 '3등'을 올려 볼까, 다음에는 '5등'을 더 올려 볼까 식의 단계별 계획이 있어야 성적이 더 수월하게 향상되는 것처럼 말이다.

내 집 마련이라는 목표가 너무 멀고 말도 안 되는 일처럼 느껴질 수 있다. 1억 원을 모으는 것도 힘들지만, 집값이 너무 비싸 1억 원으로 괜찮은 집을 사는 것도 어려운 시대가 아니던가. 하지만 그런 걱정은 일단 접자. 여기서 우리가 가장 확실히 해야 할 것은 '구체적인 숫자'라는 것이다. 비현실적인 목표도 구체적인 숫자를 대입하는 순간 '해 볼 만하지 않을까?' 하는 마음을 불러일으킨다.

일단 한번 구체적인 숫자를 적어 보자. 언제까지 얼마를 모아 내 공간을 마련하기 위해 나설 것인지 스스로 정해 보자. 내 집 마련이라는 목표에 숫자만 연결시켜도 커다란 목표가 세부적인 모습으로 변할 것이다. 작아진 목표들은 분기별, 월별, 주간별로 내가 실천할 수 있는 돈 관리 방향을 제시해 줄 것이다.

WORK TO DO!

◦ 내 집 마련을 위한 종잣돈을 '얼마'로 정할 것인가?

◦ 종잣돈을 모으는 '기간'을 어느 정도로 정할 것인가?

◦ 목표액에 도달하기 위해 1년 동안 얼마나 모아야 하는가?

- 목표액에 도달하기 위해 한 달 동안 얼마나 모아야 하는가?

- 매달 저축 가능한 금액이라면 이대로 실행하라. 현실적으로 달성하기 어려운 금액이라면 종잣돈을 모으는 전체 기간을 조금 더 늘려 보자. 서너 번 다시 계산한 후 한 달 저축액을 명확히 설정해 보자.

방법을 고민하기 전에 목적부터 생각하라

"단 한 번도 제가 집을 살 수 있을 거라고 생각해 본 적이 없어요."

어떻게 돈 관리를 해야 하느냐고 묻는 싱글 여성들에게 내 집부터 마련해야 한다고 말하면 이런 대답을 쉽게 들을 수 있다. 돈을 벌기 시작하면서 할부 프로그램을 이용해 자동차를 사는 사회 초년생도 집은 현실적으로 어려운 일이라며 손사래를 치곤 한다. 물론 집이 비싸긴 비싸다. 집은 세일하는 로드숍 화장품을 사듯 살 수 없다. 게다가 집값은 하루가 다르게 오르고 있다. 내 월급으로는 도무지 살 엄두가 나지 않는 게 집이다.

그러나 실제로 주위를 둘러보면 우리가 알고 있는 사람들이 집을 산다. 안방만 내 집이고 작은방과 거실, 주방, 화장실은 모두 은행 것이라는 우스갯소리도 하지만 어쨌든 집을 산다. 그들은 나와 크게 다르지 않은 월급을 받는 사람들이다. 통장 잔고가 너 나 할 것 없이 부족한 상황임에도 누구는 집을 사고 누구는 사지 않는다. 누구는 아예 못 산다고 포기해 버린다. 그 이유가 무엇일까?

그 차이는 '수입'이 아니라 '목적'에 있다. 누구에게나 내 집 마련은 힘든 목표다. 그러나 이를 직접 실행에 옮기는 사람들에게는 분명한 목적이 있다. 앞서 우리가 설정한 내 집 마련이라는 '목표'와 지금 말하고 있는 '목적'은 엄연히 다르다. 목적은 내가 어째서 나만의 온전한 공간을 마련하려 하는지에 대한 '근거와 이유'를 말한다.

자녀가 있는 부모라면 내 자녀를 편안하고 안락한 공간에서 키우고 싶어 한다. 집주인 눈치를 보지 않아도 되고, 내 아이가 계속 학교에 다니면서 더 이상 이사를 하지 않아도 되며, 이왕이면 쾌적하고 넓은 공간에 학군도 좋은 위치면 더 바랄 게 없겠다는 마음으로 가족의 보금자리를 알아본다. 그리고 실제로 열심히 돈을 아끼고 모아서 최대한 꿈꿨던 곳과 비슷한 집을 산다. 이게 바로 가족을 위한 내 집 마련의 분명한 목적이 될 수 있다.

내가 방송국에서 아나운서로 일하는 동안 만났던 방송작가들 중에도 내 집 마련을 위해 고군분투했던 이들이 적지 않다. 방송작가는 정규직이 아니라서 개편 때마다 일자리를 걱정해야 하는 상황이 그들을 집 구입의 세계로 이끌었다.

방송국의 개편은 봄, 가을마다 찾아온다. 자신이 몸담고 있는 프로그램이 살아남을지 폐지될지도 불분명하고 살아남는다 해도 자신의 일자리가 계속 유지된다는 보장이 없다. 이런 상황이 비단 방송작가들에게만 해당되는 것은 아니겠지만 싱글 프리랜서 여성으로서 스스로를 지키고 보호해야 한다는 위기의식만큼은 그 누구보다 컸을 것이다. 심지어 재정 상태가 열악한 방송국에서는 급여가 밀리기도 하고, 급여 지급을 제대로 하지 않은 채 문을 닫는 경우도 있다.

방송국이 문을 닫는 게 쉽게 상상이 가지 않겠지만 실제로 얼마든지 일어날 수 있다. 지난 2016년 봄, 내가 세 번째 책을 냈을 때 한 신생 방송국에서 책과 관련해 인터뷰를 요청했다. 개국을 준비 중인 곳으로, 곧 케이블 채널을 통해 자신들이 지금 만들고 있는 방송 프로그램들이 송출될 거라고 했다. 녹화 시간을 정하고 사전 질문지를 주고받았으며 내가 받게 될 출연료에 합의한 후 실제로 녹화까지 했다. 그런데 그로부터 딱 한 달 뒤, 그 프로그램의 담당 작가에게 들은 이야기는 내가 녹화한 프로그램이 언제 방송된다가 아니라 방송국이 폐업했다는 말이었다. 예정도 아니고 이미 문을 닫았다고 했다. 당연히 내가 받을 출연료도 물 건너간 일이 되었다. 1회 출연료를 못 받은 나는 그나마 양반이었다. 오랜 시간 개국을 준비하며 일했던 방송국 직원들도 몇 달 치 월급을 받지 못한 채 뿔뿔이 흩어졌다고 했나. 이처럼 도무지 일어나지 않을 것 같은 일도 얼마든지 일어날 수 있다.

열심히 일을 하면서도 불안한 미래를 걱정해야 하는 수많은 사람들에게는 나름의 안전한 울타리가 필요하다. 그게 바로 내 집을 마련해야겠다고 결심하는 순간이자 순수한 목적이 될 수 있다. 내가 나를 안전하게 보호하고자 하는 마음, 불안함 대신 안정감을 가지고 일을 하고 싶다는 고민은 온전한 내 공간이 있다면 어느 정도 해결될 수 있다.

실제로 불안한 수입 구조 때문에 스스로를 보호하기 위해 1억 원을 저축하거나 내 집을 마련한 방송작가들도 있다. 강서재 작가는 3년도 채 안 되는 기간 동안 1억 원을 모은 경험을 담아 《나는 남자보다 적금통장이 좋다》라는 책을 펴냈고, 김정희 작가는 2년 3개월 26일 동안 집 장만한 이야기를 《집 사고 싶지 따라해 봐》라는 책에 담았다. 지금은 결혼을 했는지 모르지만 이 책을 출간할 당시 이 두 작가는 모두 싱글이었다. 그들이 목돈을 마련하고 자기만의 공간을 장만한 것은 오로지 '자신을 직접 보호'하기 위해서였다. 짧은 시간 동안 치열하게 돈 관리를 하며 1억 원을 모은 것이나 내 집 마련에 성공한 것은 바로 뚜렷한 목적 자금의 힘이라고 보아도 무방하다.

집을 살 수 없을 것 같다는 생각은 이제 그만 던져 버리고 내가 왜 집을 마련하고 싶어 하는지 나만의 목적을 찾아보자. 목적이 확실할

수록 불가능할 것 같던 일도 조금씩 방법이 보이기 시작할 것이다.

나는 대체 왜 돈을 모으고 싶은가?

내가 내 집을 직접 마련하고 싶다고 생각한 건 상당히 오래전부터 시작된 일이다. 어릴 때 부모님이 이혼을 하면서 나는 초등학교 2학년부터 대학교 3학년까지 할머니, 할아버지와 함께 살았다. 처음부터 확실하게 '내 집 마련'의 목표가 떠오른 건 아니었지만 이제 와서 생각해 보니 나는 꽤 오랜 시간을 내 집에 대해 생각했던 것 같다. 내 방이 없던 것도 아니었고 내 공간을 크게 침해 받으며 자란 것도 아니었지만, 그럼에도 막연하게나마 진짜 내 집을 갖고 싶다는 생각을 했다. 경제적으로 독립하는 것, 내 공간을 가지고 싶다는 것이 내 집 마련의 순수한 목적이었다.

대학에 들어간 후 아르바이트를 하며 돈을 벌기 시작하면서 나는 비로소 그 생각을 현실화하기 위한 행동을 시작했다. 내가 돈다운 돈을 번 것은 동대문의 한 대형 쇼핑몰에서였다. 대학교 3학년 때 그곳 방송실에서 안내 방송 일을 한 것이다. 매장에 신나는 음악을 틀어 주고 분실물이나 미아를 찾는 안내 방송을 하는 게 내 일이었다. 다달이 세후 121만 원의 급여를 받았다. 대학생에게는 꽤 큰돈이었지만 집을 사기 위한 돈으로는 상당히 적은 액수이기도 했다.

하지만 나에게는 집을 사고 싶다는 분명한 목적이 있지 않았던가. 내가 나를 설득하고도 남을 목적 말이다. 진짜 내 공간을 갖고야 말겠다는 의지, 그 공간에서 살고 싶다는 마음이 그 돈을 엄청난 금액으로 보이게 만들었다. 나는 그렇게 첫 월급을 받자마자 통장을 다섯 개 만들고, 각각의 통장에 골고루 저금을 하며 내 집 마련을 위한 구체적인 첫걸음을 뗐다.

121만 원에서 깔끔하게 100만 원을 뚝 떼어 매달 저축했다. 엄마와 함께 살고 있던 때라 생활비가 들지 않았던 덕분에 가능했다. 나머지 21만 원을 용돈으로 썼다. 월 100만 원 저축은 현실적으로 불가능한 금액은 아니었지만 한창 꾸미기 좋아하는 여대생이 저축하기에는 상당한 금액이기도 했다. 내가 설득당한 '내 집 마련'이라는 목적이 없었다면 얼마든지 써 버릴 수 있는 돈이었다.

내 공간을 갖고 싶다는 목적이 나를 100만 원씩 저금하게 만들었다. 새로 나온 화장품도, 유행하는 스커트도, 예쁜 가방도, 유명한 음식점도 기꺼이 멀리할 수 있게 해 주었다. 이 모든 걸 힘들게 애써 외면한 게 아니었다. 돈 관리의 목적이 나를 기꺼이 그렇게 하도록 만들었다.

매달 100만 원씩 불어나는 통장 잔고를 보며 나는 내 집 마련의 꿈이 결코 헛된 희망이 아님을 느낄 수 있었다. 시작은 미약하지만 그래도 시작을 했으니 그 길 끝에 닿는 날이 반드시 올 거란 생각을 했다. 그렇게 나는 꾸준히 절약하고 저축하는 일을 시작했다.

"사치는 나쁘다.", "절약과 저축은 미덕이다.", "돈은 무조건 아껴 써야 한다." 같은 이야기는 돈 관리의 목표가 없는 사람에게는 무의미한 메시지일 뿐이다. 굳이 불편하고 힘들게 돈을 아껴 써야 할 '이유'가 없는데 무조건 돈을 쓰지 말라는 이야기가 얼마나 답답하게 들리겠는가. 반면 돈을 아끼고 모아서 꼭 쓰고 싶은 데가 있는 사람은 다른 사람의 조언 없이도 스스로 알아서 돈 관리를 잘한다. 내가 나를 설득했다면 다른 사람들의 참견은 불필요한 것들에 불과하다.

싱글 재테크를 위해 내 집을 마련하라는 말이 뜬금없이 느껴지지 않으려면 스스로를 설득할 수 있는 내 집 마련의 목적부터 만들어야 한다. 돈에 얽매이지 않는 삶을 위해서, 하고 싶지 않은 일은 단호하게 거절할 수 있는 사람이 되기 위해서, 언제든 훌쩍 떠날 수 있는 삶을 위해서, 가난한 독거노인이 되고 싶지 않아서 등 그 목적은 사람마다 다양할 수 있다. 다만 어떤 목적이 되었든 자기 자신을 설득할 수 있으면 그걸로 충분하다.

그 목적을 스스로 인지하기 시작했다면 그때부터 돈 관리는 몰라보게 수월해진다. 돈을 아끼는 게 불편하고 힘든 게 아니라 내 공간을 더 빨리 마련하기 위한 방법임을 깨닫게 되는 것이다. 그러면 앞장에서 이야기한 것처럼 돈 관리를 위한 구체적인 계획들이 주르륵 떠오른다. 그렇게 마련한 돈으로 내 공간을 구입하는 날은 세상에서 가장 기쁜 날이 될 것이다.

WORK TO DO!

◦ 집을 마련하고 싶은 나만의 목적은 무엇인가?

◦ 목적을 달성하기 위한 나만의 작은 계획들도 적어 보자.

내 집 마련의 천적은 투자 부추기는 세상

"집은 큰돈을 깔고 사는 거잖아요. 당장 밥 사 먹을 돈도 없는데 집이 있으면 무슨 소용인가요?"
"팔고 싶을 때 팔지 못하면 그대로 발목 잡히는 거 아닌가요?"

내 집을 사야 한다고 말하면 이렇게 말하는 사람들이 있다. 집을 마련하고 나서 집 사느라 받은 대출금에, 집에 신경 쓰느라 들이는 에너지에, 팔고 싶을 때 현금화할 수 없으면 어쩌나 하는 걱정에 얽매이고 싶지 않고 자유롭게 살고 싶다는 것이다. 게다가 집값이 오르면 그나마 낫지만 그 반대의 경우도 얼마든지 있을 수 있지 않느냐고도 한다. 가뜩이나 전체 인구가 줄고 있으니 내가 산 집의 가치가 떨어지면 어쩌냐는 것이다.

틀린 말은 아니다. 대부분의 물건은 수요와 공급의 비율로 가격이 정해지는데, 집도 예외가 아니다. 사람들이 많이 찾는 집은 비싸고 그렇지 않은 집은 상대적으로 싸다. 경기의 영향도 많이 받는다. 대출을 받아 집을 샀는데 은행 이자가 조금이라도 오르면 곧장 가정 경제에 타격이 온다.

게다가 집은 시간이 지날수록 낡고 허름해진다. 곰팡이도 생기고 보일러도 고장 난다. 화장실 변기나 세면대도 누렇게 변하고 때로는 천장이 무너져 내리기도 한다. 이를 고치기 위해서는 지속적으로 돈이 든다. 만약 내가 세입자이고 집주인이 따로 있다면 내가 신경 쓰지 않아도 되는 부분이다.

있는 돈 없는 돈 다 끌어모아서 집을 샀는데 막상 생활할 돈이 없다면 이 또한 아이러니일 것이다. 설상가상으로 집값이 떨어져 집을 팔아도 대출금을 못 갚는 상황과 마주하게 된다거나, 당장 돈이 급하게 필요해 집을 내놓았는데 도무지 팔릴 기미가 보이지 않는다면 집이 원수처럼 보일 것이다.

그러나 여기에는 한 가지 중요한 사실이 빠져 있다. 이 모든 설명은 집을 '투자'의 대상으로 보았을 때나 해당한다는 것이다. 내가 실제로 살기 위한 목적에서 집을 마련했다면 집값이 오르든 떨어지든 크게 상관이 없다. 어쨌든 내가 머물러야 할 공간이 필요하기 때문이다. 내 집값이 오르면 다른 집들도 비싸져 팔고 이사를 가는 것도 큰 의미가 없고, 내 집값이 떨어지면 다른 집들도 값이 하락하는 것이므로 내 집을 팔고 옛날보다 값이 더 떨어진 다른 집으로 옮겨도 된다.

어쩌면 경기의 영향을 받는 건 세입자가 더 심할 수도 있다. 물가가 오르면 월세도 오르고, 내 돈을 돌려받을 수 있는 전세는 점점 더 구하기가 힘들어진다. 열심히 일하고 돈을 버는 것도 힘든 마당에 돌려받지도 못하는 월세를 계약 때마다 올려 주어야 하는 일도, 정기적으로 새로운 집을 찾아 이사를 다녀야 하는 일도 그 스트레스가 만만치 않다.

집을 관리하는 괴로움도 내 집이라면 다르다. 내가 내 손으로 장만한 집에는 애정이 샘솟는다. 누가 청소하라고 잔소리하지 않아도 저절로 쓸고 닦게 된다. 집주인 눈치를 보느라 액자도 마음대로 걸지 못했던 때를 생각하면 내 집이 그렇게 소중할 수가 없다. 정말 예쁘게 꾸미고 싶어진다. 어떻게 하면 더 예쁘게 꾸밀 수 있을까 즐거운 고민을 하게 된다.

내 집을 손수 꾸미는 즐거움은 번거롭고 귀찮은 것과 상당한 거리가 있다. 더 이상 이사를 가지 않아도 되는 것만으로도 커다란 안정감을 느끼게 해 주는 '홈 스위트 홈'인 것이다. 요즘엔 단 2년을 사는 전세도 사는 동안 쾌적하고 예쁘게 살고 싶어 인테리어를 한다. 오죽

하면 원상 복구도 쉽고 비용도 적게 드는 방법을 알려 주는 '전셋집 인테리어' 팁을 담은 책이나 블로그가 인기겠는가. 전세로 사는 집도 그런데 내 집은 더 말할 것도 없다.

은행 이자가 오르는 것은 우리가 어찌할 수 없는 영역이다. 그렇기에 처음 집을 살 때부터 스스로 감당할 수 있을 만큼만 빚을 내야 한다. 이를 감안하지 않은 채 받을 수 있는 최대한의 대출을 끌어 쓰다가는 해결할 수 없는 수준의 문제가 생길 수 있다.

사실 이러한 변화는 내가 세입자일 때라고 예외가 아니다. 은행 이자가 오르면 집주인이 가만히 있겠는가? 오른 이자를 어떻게든 월세에 반영하려 할 것이다. 세입자는 집주인의 요구를 무시할 수 없고, 또다시 이사를 가고 싶지 않다면 어쩔 수 없이 그 요구를 받아들이는 수밖에 없게 된다.

수익성이 아닌 정말 살 곳을 생각하라

싱글에게도 주거 안정은 상당히 중요하다. 삶의 기반을 마련하는 데는 집이 우선하기 때문이다. 거주지가 불분명하고 언제 또 이사를 가게 될지 모르는 상황에서는 갖고 싶은 물건을 들이는 것도, 삶에 변화를 주는 도전도 자연스럽게 망설여진다. 당장 내년에 어떻게 될지, 어디에서 살게 될지 모르기 때문이다. 그래서 사람이 살아가는 데 필요한 세 가지 기본 요소 중에 '주住', 즉 거주의 공간이 포함되는 것이다.

기본적인 생활의 요소를 충족하면서 안정적인 미래를 맞이하고 싶다면, 이에 대한 해답은 역시 온전한 내 공간이 될 수 있다. 내가 마음껏 편히 쉴 수 있는 공간에서는 미래에 대한 불안감이 자주 떠오르지 않는다. 어떻게 하면 집을 마련하는 데 들인 대출금을 빨리 갚을 수 있을지, 어떻게 하면 지금보다 더 능력을 인정받고 수입을 늘릴 수 있을지, 어떻게 하면 내가 진짜 하고 싶은 일을 찾을 수 있을지 등 보다 나은 내일을 위한 고민을 할 수 있게 된다. 삶의 질 향상은 거주의 안정이 있은 후에야 제대로 찾아오는 셈이다.

그래서 나는 집이 비싼 것이라고 생각한다. 순간의 즐거움을 주는 상품이 아닌 장기적으로 내 마음의 안정을 가져다주는 존재이기 때문이다. 그래서일까? 《대한민국 부동산 투자》를 쓴 부동산 전문가 김학렬 작가는 나에게 이런 말을 하기도 했다.

"집값은 항상 비쌌어요. 삼국시대에도 비쌌고, 조선시대에도 비쌌어요. 집은 늘 비싼 상품이었습니다."

내가 하필 운이 나빠서 집값이 비싼 시대를 살고 있는 게 아니라는 것이다. 집은 늘 비쌌고, 앞으로도 절대 싸다고 느끼기는 힘들 것이다. 그러니 어마어마한 가격에 놀라 내 집 마련을 지레 포기하지 말고 집이 주는 유·무형의 가치를 생각하며 어떻게 하면 진짜 내 공간을 마련할 수 있을지를 고민하는 게 훨씬 더 낫다. 다른 사람들도 집값이 비싸다는 것을 알면서 집이 주는 여러 가치를 선택한 결과로 집을 마련하는 것이다.

집값은 떨어질 수도 있고 더 오를 수도 있다. 당연히 경기의 영향을 받는 상품이다. 또한 사람들의 기대감이 반영되어 집값이 더 오를 수 있는 지역도 있고 더 이상의 발전 가능성이 보이지 않아 인기가 없는 지역도 있다. 그러나 이 모든 것은 부동산으로 투자를 하는 사람들의 시각일 뿐, 실거주 목적의 집은 이와는 다른 방향으로 접근해야 한다. 내가 즐겁게 미래를 꿈꿀 수 있는 공간, 심적으로 안정감을 느낄 수 있는 공간은 우리에게 희망을 준다. 내일은 오늘보다 더 나아질 수 있다는 믿음, 노년의 내가 먹고사는 걱정을 덜 할 수 있을 거란 믿음은 내 집이 있는 경우에 보다 확실해진다.

일단은 내 손으로 이룬 공간 덕분에 스스로를 가난하다고 여기지 않으면 그것으로 충분하다. 열심히 일을 하고 힘들게 돈을 버는데도 가난하다면 어느 순간 무기력해지기 쉽다. 내 집은 이러한 무기력증에 빠지지 않게 해 준다. 내 힘으로 얼마든지 스스로를 책임질 수 있다는 사실을 증명해 주는 것이기 때문이다.

WORK TO DO!

◦ 내 손으로 마련한 내 공간에서 산다면 어떤 기분이 들지 생각나는 대로 써 보자.

나는 돈이 없어도 부동산에 간다

"대학교를 졸업한 순간 부모님이 절 내쫓으셨어요. 다 컸으니까 독립을 해야 한다면서 앞으로는 혼자 살아가야 한다고요. 처음에는 당황스럽고 막막하기만 했는데 막상 내가 살 공간을 얻고 취업을 하고 돈을 버니까 또 생활이 되는 거예요. 그때부터 지금까지 계속 혼자 살고 있어요. 이제 와서 생각하면 부모님께 감사해요."

이렇게 진취적인 부모님이라니! 언젠가 비교적 연령대가 다양한 분들과 '자녀의 독립'을 주제로 이런저런 이야기를 나눌 기회가 있었다. 그중 30대를 눈앞에 둔 싱글 여성이 자신의 독립은 이렇게 시작되었노라고 말했다. 그녀가 자기 이야기를 꺼내게 된 건, 고등학교 3학년 딸을 둔 어떤 분이 이런 말을 해서였다.

"대학교에 입학만 하면 '이제 내 할 일 다했으니까 너 알아서 공부하고 돈 벌어라' 하고 싶은데 과연 그게 될까 싶어요. 하나밖에 없는 딸이라 내가 그렇게 할 수 있을지도 모르겠고, 솔직히 내가 해 줄 수 있는 데까지 다 해 주고 싶기도 해요."

자녀에 대한 사랑은 충분히 이해하지만 이런 마음으로는 자녀의 경제적 독립을 방해할 뿐이다. 나는 자녀에게 경제적으로 독립할 기회를 처음부터 주지 않는 건 좀 더 깊이 생각해 볼 문제라는 말을 하고 싶었다. 이런 내 생각을 말하고자 입을 떼려는 순간, 내 옆에 있던 당찬 여성이 나보다 먼저 입을 연 것이었다.

그녀는 혼자 힘으로 살아갈 수 있다는 걸 알게 된 후부터 삶에 얼마나 큰 자신감이 생겼는지 계속 이야기를 이어 갔다. '내가 나를 먹여 살린다'는 것은 삶의 자신감과 직결된다. 내가 마련한 공간에서 내가 먹고 싶은 음식을 먹으며 내가 좋아하는 영화를 보거나 음악을 듣고 책을 읽는 모든 순간들이 삶의 행복이 된다. 이러한 행복을 온전히 누리려면 매 순간 집세를 고민하고 다음 이사를 걱정하는 불안정한 상황과 멀어져야 하지 않겠는가.

그녀의 이야기를 들으며 생각했다. 바로 이것이 경제적 독립이 선택이 아닌 필수인 이유라는 사실을. 거주지 마련을 시도하는 순간부터 삶의 자신감이 생긴다는 것을 말이다.

그렇다면 너무 비싸 엄두도 잘 나지 않는 집을 어떻게 하면 살 수 있는 것일까? 아주 당연한 말이지만, 돈을 벌기 시작하는 순간부터 그 돈들은 내 집 마련을 위한 이름으로 관리되어야 한다. 결혼과 상관없이 돈에 쪼들리는 미래를 맞이하고 싶지 않다면, 내 수중에 있는 돈을 안락하고 안전한 거주지를 마련하는 데 집중시켜야 한다. 그리고 그 과정에서 경제적 독립을 해야 한다는 삶의 대전제를 담담히 받아들여야 한다. 다른 친구들이 돈을 모아 결혼을 하거나 집을 사는 걸 보며 씁쓸하게 입맛만 다시고 싶지 않다면 내가 버는 현재의 돈과 내 집 마련을 연결할 수 있어야 한다.

그리고 돈 관리와 별개로 집 구경을 많이 해 보길 권한다. 공인중개사 사무실에 들어가 무턱대고 집을 보여 달라고 말하라는 게 아니다. 친구를 만나러 가는 길에서, 출퇴근하며 바라보는 풍경 속에서 내가 살면 좋을 동네를 관찰하고 내 눈에 들어오는 집들을 유심히 살펴보라는 말이다. 여기에 더해 인터넷으로 자신이 봐 둔 지역의 시세를 알아보는 것도 필요하다. 이 모든 행동을 밥을 먹고 잠을 자는 일상의 습관처럼 이어 가면 집을 살 수 있다는 생각이 점차 현실적으로 다가올 것이다.

돈도 없는데 무슨 집 구경이냐고 한숨부터 쉬지 말자. 집을 못 사는 건 부족한 돈 때문이기도 하지만 괜찮은 집을 볼 수 있는 눈이 없어서이기도 하다. 집 살 돈이 있는 사람 중에는 집이라는 고가의 거래에 용기가 안 나거나 좋은 집을 보는 안목이 없어서 거래를 못 하는 경우도 생각보다 많다.

견물생심이라고 했다. 자꾸 봐야 갖고 싶은 마음이 든다. 나는 호주로 어학연수를 하러 갔을 때 그곳 사람들의 옷차림을 보고 기겁을 한 적이 있다. 골반에 겨우 걸친 바지, 큼지막한 펜던트 목걸이, 어깨가 훤히 드러나는 티셔츠 등 호주에서 파는 옷들 중에 내가 입을 수 있는 옷은 하나도 없어 보였다. 그런데 딱 3개월 정도가 지나자 그들의 패션이 서서히 눈에 들어오기 시작했다. 어느 날은 옷 가게의 쇼윈도를 바라보는데 마네킹이 입고 있는 옷이 예뻐 보이는 게 아닌가. 자꾸 보니 익숙해진 것은 물론 어느 순간 내가 그 옷을 사고 있었다. 견물생심은 정말 맞는 말이다.

지금 당장 쓸 돈도 부족하다며 내 인생에 집을 마련하는 게 말도 안 된다고 생각하면 정말 집도 절도 없이 궁핍한 삶을 살게 된다. 하지만 자주 집 구경을 하며 시세를 살피는 습관을 들이다 보면 어느 순간 딱 내가 원하는 집이 나타나게 된다. "이 정도면 살 수 있겠다.", "이 집은 꼭 사고 싶다."는 마음이 드는 집 말이다. 꿈을 현실로 만들기 위해서는 일상생활에서 그 꿈을 많이 접해야 한다. 정말 집을 사고 싶다면 집 구경을 자주 하는 건 지극히 당연한 일이다.

"괜찮은 집을 어떻게 찾냐고요? 못해도 10년은 꾸준히 봐야 알아요."

《혼자 사는데 돈이라도 있어야지》를 쓴 윤경희 중앙일보 기자가 전한 부동산 전문가의 조언이다. 즉, 자주 봐야 내 것이 눈에 들어온다. 집을 관심 있게 본 적도 없으면서, 부동산 시세를 제대로 한 번 알아본 적도 없으면서 무조건 집은 비싸고, 이번 생에 내 집 마련이 웬 말이냐며 무턱대고 눈부터 감지 말자. 서울에는 여전히 가격도, 교통도 괜찮은 집이 있다고 윤경희 기자는 말한다. 30대 중반에 오피스텔 월세로 독립을 시작해 40대 초반에 30평대 아파트를 소유하기까지 말로 다 표현하기 어려울 정도로 집을 수없이 보러 다녔다던 그녀다.

《서른셋 싱글 내집마련》을 쓴 최연미 작가는 100여 곳이 넘는 공인중개소를 찾고 약 300곳의 집을 보러 다니며 17번의 이사를 한 끝에 집을 살 수 있었다. 이사 스트레스가 내 집 마련의 추진력이 되었다고 하는데, 모르긴 몰라도 14년 동안 이사를 하며 집을 구경한 경험이 괜찮은 집을 구입하게 한 결정적 역할을 했을 것이다. 그녀는 집을 제대로 보기 위해서는 평소에 부동산 아이쇼핑을 즐기고, 정말 마음에 드는 집을 발견했다면 꼭 밤에 다시 가 봐야 한다고 말한다. 부동산 구경이 구체적인 물욕을 만들어 준다는 말도 덧붙였다.

"돈을 다 마련한 다음에 집을 알아봐야지."라는 순진한 생각으로는 내가 원하는 때에 괜찮은 집을 사기가 어렵다. 돈이 없을 때에도 수시로 내가 살 집을 찾아보는 습관을 들여야 마음에 드는 집을 발견할 수 있다. 그래야 그 집을 내 것으로 만들기 위한 구체적인 방법이 떠오른다. 내 집 마련은 그렇게 시작되는 것이다.

내 집이 나를 행복하게 만들어 준다

나도 할 수 있다

이간난

나도 할 수 있다.
나는 즐겁다.
나는 기쁘다.
나는 행복하다.

나도 이제는
버스를 혼자 탈 수 있다.
병원도 혼자 갈 수 있다.
친구들과 식당 가서
나 먹고 싶은 밥을 시킬 수가 있다.
나는 참 행복하다.

글자를 인다는 것이 이렇게 행복할 줄이야.

_《보고 시픈 당신에게》, 강광자 외 지음, 한빛비즈, 2016, p. 197

이 시는 뒤늦게 한글을 배운 어르신들의 시와 산문을 엮은 책《보고 시픈 당신에게》에 실린 작품이다. 혼자서 버스도 탈 수 있고 식당에서 음식도 주문할 수 있다는 기쁨이 고스란히 느껴지는 듯하다. 글씨를 읽고 그 뜻을 오롯이 이해하는 순간의 짜릿함이 얼마나 행복했을까. 그저 짐작만 할 뿐이지만, 이간난 어르신에게 '안다'는 것은 단순히 문맹 탈출의 의미가 아니리라는 것쯤은 충분히 이해할 수 있다. 어르신에게 '안다'는 것은 삶의 질을 이전과 비교도 할 수 없을 정도로 향상시킨 혁명이자 스스로에게 자신감을 불어넣어 주는 마법이 아니었을까.

조금 다른 형태이긴 하지만 나에게는 '내 집'이 바로 '자신감'의 결정체였다. 학창 시절부터 바랐던 내 집을 마련하자 기대 이상의 성취감이 찾아왔다. 아나운서로 일하던 시절 부서에서 유일하게 차가 없던 나는 왜 차가 없느냐는 질문을 은근히 많이 받았다. 심지어 돈이 없냐고 묻던 사람도 있었다. 그때마다 나는 이렇게 대답했다. "아, 저는 차 대신 집을 샀어요." 그 말을 듣던 사람의 표정을 아직도 잊을 수가 없다. 누군가에게 자랑을 하기 위해 집을 산 건 절대 아니었다. 하지만 내 집 마련을 최우선순위에 두고 돈을 관리하느라 자동차도,

명품도 사지 않은 보람은 있었다.

이간난 어르신이 느꼈던 '안다'는 힘은 내 집 마련이라는 경제적 독립과 맞닿아 있다는 생각이 든다. 기본적으로 무엇이든 할 수 있다는 자신감이 생기기 때문이다. 글을 읽을 줄 알면 내 생각을 글로 쓰고 표현하는 것이 가능해진다. 할 줄 아는 게 늘어나면 삶의 자신감이 상승한다. 이와 마찬가지로 내 집을 마련한 뒤에도 자신감이 생긴다. 내 집도 샀는데 내가 마음만 먹으면 또 다른 목표를 얼마든지 이룰 수 있다는 자신감이다.

실제로 거주의 문제가 해결되면 생활비 부담이 확실히 줄어든다. 이사를 가기 위해 돈을 모으지 않아도 되고, 집세를 올려 주기 위해 혹시 모를 돈을 따로 빼 두지 않아도 된다. 그 돈으로 자기계발에 투자해 몸값을 올리는 데 써도 된다. 대출을 받았다 하더라도 다시 돌려받을 수 없는 월세가 아닌 자산을 만드는 것이기에 괜찮다.

이간난 어르신이 글을 배워 삶을 이전보다 더욱 행복하고 당당하게 바꾼 것처럼 '내 집 마련'으로 지금과는 다른 삶을 구축할 수 있다. 더욱 자신감 있고 당당하고 여유 넘치는 그런 삶 말이다. 이런 미래를 원한다면 집을 살 수 있다는 마음으로 많이 보고 접하고 듣는 일에 머뭇거리거나 주저해선 안 된다.

WORK TO DO!

- 내가 주로 활동하거나 오가는 지역은 어디인가? 그곳에서 살고 싶은 마음이 드는가?

- 내가 특별히 원하는 지역이 있는가? 그곳에 살고 싶은 이유는 무엇인가?

- 나는 구체적으로 어떤 형태의 집을 원하는가?(아파트/빌라/단독주택 등)

그래서 어떤 집을 사야 하나요?

"요즘 누가 처음부터 마음에 드는 집을 사나요? 다 단계별로 사고팔고 하면서 계속 좋은 집으로 옮기는 거죠. 지금 당장 들어가서 살 거 아니잖아요. 그러면 앞으로 값이 오를 집을 봐야죠. 이게 바로 그런 집이에요!"

앞서 나는 집을 사려면 돈을 모으기 전부터 많이 보고 다니라고 말했다. 하지만 나는 이와 반대로 행동해서 내 집 마련을 한 후 마음고생을 좀 했다. 통장 잔고가 1억 원이 되자마자 집을 보러 다닌 것이 화근이었다. 1억 원을 모으기까지 꼬박 7년이라는 시간이 걸렸는데, 집을 보러 다닌 기간은 몇 개월이 채 되지 않

있다. 당연히 좋은 집을 보는 인목이 있을 리가 없었다.

게다가 1억 원이라는 예산은 집을 사기에 뭔가 애매했다. 대출 생각을 전혀 하지 않았던 탓도 있었다. 만약 대출을 좀 받더라도 내 마음에 쏙 드는 집을 골랐다면 어땠을까 하는 후회가 아직도 조금 남아 있다. 어쨌든 당시 살던 서울 동작구에서 1억 원대의 집으로 몇 군데를 둘러보았는데, 자꾸 "아, 여긴 별로인 것 같아요."라는 말이 튀어나왔다. 그러자 공인중개사는 처음부터 마음에 드는 집을 사는 경우는 없다고 이야기했다.

나는 투자가 아닌 실거주가 목적이었다. 하지만 당장 들어가 살 계획이 없었기에 전세를 끼고 살 수 있는 집들을 보러 다녔다. 내가 다시 돌려줘야 할 전세금의 부담이 크지 않은 집들만 살펴봤다. 그렇게 예산에 맞춰 집을 구경하다 보니 계속 빌라만 몇 채 보게 되었다.

도통 마음에 드는 집이 나타나지 않았다. 집 구입을 망설이는 나에게 공인중개사의 말은 꽤 그럴듯하게 들렸다. 실거주 목적이라 하더라도 가격이 오를 가치가 있는 집이라면 더 좋겠다는 생각이 들었다. 서른이 되기 전에 내 집 마련 계획을 이루고 싶어 안달이 난 시점이기도 했다. 그렇게 나는 그다지 마음에 들지 않았던 반지하 빌라를 덜컥 사 버렸다. 서류상 반지하이기는 하지만 실제로는 계단을 내려가는 게 아니라 진짜 1층에 문이 있다는 점이 마음을 조금 움직였던 것 같다.

정말 바보 같은 결정이었다. 집을 몇 채 보지도 않았다. 아파트나 주택은 구경도 안 해 봤다. 건너 건너 아는 분이 부동산 사무실에서 일한다기에 그분을 따라 빌라 몇 채를 구경하고는 홀랑 사 버린 것이었다. 무식하면 용감하다고 했던가. 제대로 발품 한번 팔아 보지도 않은 채 집 구입의 최전선에 나선 나는 내가 무식하다는 것도 몰랐다. 평소 집 구경도 안 하고 오로지 절약과 저축으로 돈 모으기에만 열중했던 결과는 해피엔드라고 말하기 어려웠다.

실제로 내가 산 집은 전혀 가격이 오르지 않았다. 아니, 오히려 떨어졌다. 내가 집을 산 2008년은 부동산 경기가 정말 좋지 않았다. 집값은 뚝뚝 떨어지고 전세는 하루가 다르게 치솟는 시기가 찾아왔다. 부동산 아줌마의 예측이 빗나간 게 속상한 건 아니었다. 문제는 집값이 아니라 애정이었다. 내 마음에 쏙 드는 집이 아니다 보니 자꾸만 단점이 눈에 들어왔다.

세입자가 사는 동안은 괜찮았다. 그 집을 잊고 살 수 있었으니까. 서른 살 전에 내 집 마련이라는 꿈을 이룬 자부심도 가득했다. 무엇이든 할 수 있다는 자신감 하나는 끝내줬다. 집을 산 것 자체에 대한 만족도는 어마어마했다. 하지만 세입자와의 계약 기간이 끝나고 내가 그 집으로 들어갈 때 적잖은 노력을 해야 했다.

일단 대대적인 집수리에 들어갔다. 집을 살 때부터 전체 리모델링은 필요하다고 생각하긴 했다. 수리 후의 모습이 그려질 정도로 반

듯한 집이기도 했다. 화장실, 주방, 바닥 공사를 했고, 도배와 장판도 당연히 새로 했다. 조명과 전등 스위치도 싹 다 바꿨다. 같은 집이 맞나 싶을 정도로 환골탈태한 모습에 입이 떡 벌어질 정도였다.

하지만 딱 거기까지였다. 실제로 내가 그 집에서 살아 보니 불편한 점이 꽤 많았다. 우선 사람들이 지나다니는 소리가 너무 가깝게 들렸다. 집 안에 있어도 밖에 있는 것 같은 느낌이었다. 이 때문에 환기를 자주 하기가 어려웠다. 창문을 열어 놓으면 밖에 있는 사람들과 눈이 마주칠 것 같았다. 한여름에 환기를 하지 못하니 집이 눅눅했다. 빨래를 말리는 것도 힘들었다.

처음부터 마음에 쏙 드는 집이 아니어서 그랬는지 나는 그 집에서 사는 동안 그리 즐겁지 않았다. 내 힘으로 내 집을 마련했다는 뿌듯함과 자신감은 여전했지만, 이와 별개로 내가 산 집은 여러모로 나를 불편하게 했다. 부동산 경기가 나빠 집값을 제대로 받기 힘든 시기였음에도 나는 결국 그 집을 팔기로 했다. 처음부터 집 구입에 정성을 쏟지 않은 내 잘못이었다.

집을 살 때도 미숙했지만 집을 팔 때도 마찬가지였다. 집을 구경시켜 주는 것도, 가격을 흥정하는 것도 나는 너무 초보 티가 역력했다. 마침내 내가 그 집에 들어가 산 지 6개월이 되던 때에 집이 팔렸다. 그 과정에서 적잖이 마음고생도 했지만 집을 사고파는 큰 과정을 겪고 나자 커다란 깨달음이 밀려왔다. 그건 바로 '내 집 마련 = 내 마음에 드는 집'이라는 공식이 정말 중요하다는 것이었다.

내가 살 집에 대한 명확한 콘셉트가 있어야 한다

나는 집을 구경한 적도 별로 없었지만, 어떤 집을 선택하겠다는 그림도 없었다. 그저 '내 집'이라는 것만 생각했을 뿐이었다. 돈 관리에 명확한 목표가 중요하듯 내 집 마련에도 확실한 그림이 있어야 한다는 걸 그때는 전혀 몰랐다. 예산과 기간의 구체적인 날짜도 중요하고 집을 많이 보는 것도 중요하지만, 내가 원하는 집에도 구체적인 조건이 있어야 한다. 그래야 소중한 내 집 마련에 큰 실패를 하지 않는다.

나는 혼자서, 내가 실제로 살 집이 목적이었다. 그렇다면 집값이 오를 거라는 부동산 아줌마의 말에 흔들리지 말았어야 했다. 그보다는 내가 정말 살고 싶은 집인지가 더 중요한 판단 기준이 되어야 했다. 내 라이프스타일을 고려해 방은 몇 개가 필요하고 주방과 거실의 구조는 어떠해야 하며 출퇴근을 고려한 교통편은 어떻게 되는지 등 실질적인 조건들을 따져 봤어야 했다. 절약과 저축 빼고 모든 게 서툴렀던 나는 내가 어떤 집을 원하는지조차 몰랐던 것이다.

《혼자 사는데 돈이라도 있어야지》를 쓴 윤경희 기자는 총 네 번 집을 옮기며 내 집을 마련하기까지 매번 명확한 조건을 정한 후에 집을 알아봤다고 했다. 그녀는 첫 집은 저렴한 월세, 두 번째 집은 마음에 드는 동네에서 전세, 세 번째 집은 같은 동네의 아파트 전세를 살다가 마지막 네 번째 집은 비슷한 조건의 아파트를 마련했다. 그 결과 대체로 마음에 드는 집에서 생활했고, 결국 가장 만족스러운 집을 구입할 수 있었다.

내가 살고 싶은 집을 미리 확실히 해 두는 게 좋은 예는 또 있다. 고양이 일러스트로 유명한 스노우캣 작가는 고양이와 함께 살 주택을 사겠다는 명확한 목표가 있었다. 그녀가 가진 돈으로 서울에서 앞마당이 있는 집을 마련하기는 쉽지 않았는데, 그런 상황에서도 원하는 집에 대한 명확한 조건들을 절대 잊지 않았다. 그 조건들을 고스란히 담아 그림으로 그려 둘 정도였다. 그런 마음으로 꾸준히 집을 알아보던 어느 날 늘 마음속에 품었던 집과 비슷한 집을 발견할 수 있었다고 한다. 그렇게 그녀의 러브하우스가 마련되었다. 인테리어를 하고 마당을 가꾼 후 어느 날 문득 집을 둘러보는데 자신이 예전에 그렸던 집과 너무나 똑같은 모습에 깜짝 놀랐다고 한다.

이 정도는 되어야 내 집 마련의 자신감과 성취감이 삶의 만족과 행복으로 연결되는 게 아닐까. 그러니 나처럼 실수를 바로잡고자 엄청난 대가를 치르고 싶지 않다면 미리 자신의 라이프스타일에 맞는 집의 그림을 확실히 그려 둘 필요가 있다. 그래야 내 집을 마련하는 순간에 다른 사람들 말에 흔들리거나 말도 안 되는 선택을 하지 않을 수 있다.

특히 싱글 여성이라면 환하고 안전한 지역이 좋고, 직장과의 거리나 교통편을 고려해 지역을 선택하는 게 좋다. 이밖에도 자신의 라이프스타일에 맞는 공간과 구조를 틈틈이 생각해 두고 조건들을 정리해 둔다면 내 집 마련 시 결정적 실수는 피할 수 있을 것이다.

WORK TO DO!

- 내가 원하는 집의 구조를 구체적으로 그려 보자.

족쇄가 아닌
자유를 선물하는 '집'

"회사를 그만두고 싶은데 뭘 하고 싶은지를 몰라서 못 그만두겠어요. 부모님을 생각하면 내가 하고 싶은 일을 하는 것도 나쁜 짓 같고, 길게 여행을 다녀오고 싶은데도 그 이후의 상황을 모르겠으니 무작정 떠날 수도 없고요."

마흔을 앞둔 어느 싱글 여성 직장인의 허심탄회한 고백이다. 그녀는 부모님에 대한 책임감도 크고 자신의 삶을 사랑하는 마음도 커 보였다. 지금의 삶을 바꾸고 싶긴 한데 방향이 안 보이는 게 답답해 용기가 나지도 않고, 부모님과 식구들을 생각하면 지금 생활을 유지하는 것이 더 나은 게 아닌가 모르겠다고 했다.

아마 많은 사람들이 공감하는 고민일 것이다. 지금 하고 있는 일이 마음에 들지 않지만 막상 하고 싶은 일이 무엇인지는 잘 모르는 상태. 그리고 잘 모르는 무언가에 도전하기에는 가족에 대한 걱정이나 미래에 대한 불안이 옴짝달싹 못 하게 만드는 상태.

이럴 때 의외의 해결책이 바로 집이 될 수 있다. "집을 사면 돼요!" 나는 그녀에게 집을 사면 그 고민이 어느 정도 해결될 거라고 얘기했다. "집이요?" 놀란 토끼눈이 되어 그녀가 되물었다. '하고 싶은 일을 찾는 방법'이나 '지금 하는 일을 계속하면서도 행복해질 수 있는 방법' 등에 관한 이야기가 아니라 '집을 사라'는 이야기를 듣게 될 줄은 전혀 몰랐을 것이다.

내가 집을 불안감에 대한 대책으로 제시한 건 앞에서도 계속 이야기했듯이 '안정감' 때문이다. 만약 그녀에게 집이 있다고 생각해 보자. 월급보다 적은 수입으로도 생활할 수 있기에 얼마든지 회사를 벗어나는 선택을 할 수 있다. 꼭 지금과 같은 수준의 월급을 받지 않아도 되는 것이다. 최소한의 생활비를 벌 수 있다면 하고 싶은 일이 무엇인지 찾는 '시간'을 가질 수 있다는 말이다. 긴 여행을 떠나는 것도 괜찮다. 여행 기간 동안 월세를 내는 세입자를 들이면 되기 때문이다. 딱 여기까지 이야기했을 때 그녀의 얼굴에 생기가 돌기 시작했다. 집이라는 자산이 있으면 그녀가 집을 비워도 그 안에서 수입이 생길 수 있다는 말에 반응한 것이었다. 이런 상황이라면 부모님에 대한 책임감이라는 부담도 한결 줄어들 터였다.

집은 내가 사는 동안 현재의 안정감을 제공해 줄 뿐만 아니라 내가 살지 않는 동안에는 새로운 수입을 만들어 주는 존재다. 즉, 집은 미래의 돈도 될 수 있다는 말이다. 공간이 돈을 만들기 때문에 부동산이 재테크 수단이 되는 것이다. 여러 채도 필요 없다. 내가 거주하는 목적의 집 한 채만 있어도 현재와 미래의 재정적 안정이 어느 정도 뒤따라온다.

집이 새로운 수입을 보장해 준다

❶ 주택연금

집이 돈이 되는 경우로 우선 주택연금을 들 수 있다. '역모기지론'이라고도 불리는 주택연금으로 매달 지속적인 수입을 만들 수 있다. 물론 여기서 발생하는 수입은 내 집을 내주는 조건이다. 어차피 결혼 계획 없이 싱글로 여유롭게 살고 싶다면 굳이 집을 재산으로 남길 필요는 없다. 내가 죽을 때까지 살면서 주택연금을 받을 수 있다면 이보다 더 이상적인 계약은 없지 않을까 싶다.

내가 만약 만 60세 이상이 되었을 때 9억 원이 넘지 않는 집을 한 채 가지고 있다면 주택연금을 받을 수 있다. 매달 받게 될 주택연금은 집값이 얼마나 오를 것인지, 내가 얼마나 오래 살지에 따라 달라지는데 어쨌든 죽을 때까지 내 집에 살면서 연금을 받을 수 있다고 생각하면 된다. 매달 같은 금액을 받을 수도 있고, 받는 돈을 조금씩 줄어들게 하거나 나이가 들수록 조금씩 더 받을 수 있게 설계할 수도 있다. 게다가 큰돈이 필요한 사고를 당하거나 병에 걸렸을 때에는 집값의 30퍼센트 내에서 수시 인출도 가능하다.

주택연금을 받기 시작한 이후에 집값이 많이 올랐다면 이제까지 받은 연금을 모두 상환한 후 계약을 해지할 수도 있다. 다만 초기 보증료는 돌려받지 못하는데, 그래도 계약을 해지할 수 있는 게 어딘가. 집값이 올라 그 집을 팔고 규모를 줄여 목돈을 마련할 수도 있으니 말이다.

집이 있다면 이런 생각만으로도 미래에 대한 막연한 불안과 걱정이 한결 줄어들지 않을까? 어쨌거나 만 60세 이후에 많건 적건 간에 내가 노동을 하지 않아도 수입이 생기니 말이다. 지금 당장 어떤 선택을 해야 할지 너무 혼란스럽기만 하다면 일단 내 집 마련부터 시작해 보자. 내 집 마련이라는 명확하고도 확실한 목표가 불필요한 방황을 많이 줄여 주는 것은 물론 미래의 새로운 수입을 창출해 줄 수도 있으니 말이다.

❷ 셰어하우스

만 60세가 너무 먼 미래라 내 집이 주는 경제적 효과가 크게 와닿지 않을 수도 있다. 그렇다면 지금 당장 수입을 만들 수 있는 셰어하우스를 추천하고 싶다. 셰어하우스는 거실이나 화장실, 주방 등의 공동 공간은 같이 쓰고 방은 각자 사용하며 함께 사는 것을 말한다. 집에 남는 방이 있다면 당장 시작할 수 있다. 또한 세입자 입장에서도 보증금이 거의 없고(1~2개월 치 월세 정도) 방세도 저렴하다는 장점이 있다. 이러한 이유 덕분에 최근 젊은 친구들 사이에서 널리 퍼지고 있는 주거 형태이다.

모르는 사람과 같은 집에서 사는 게 내키지 않을 수도 있다. 하지만 실제로 누군가와 같이 살아 보면 오히려 의지가 되는 경우도 많다. 나는 호주 어학연수 시절 혼자 사는 호주 여성 직장인의 집에 방 하나를 빌려 산 적이 있다. 그때가 2004년이었는데 호주는 그때 이미 셰어하우스가 공공연한 거주 문화였다. 낯선 나라, 낯선 도시, 낯선 환경, 낯선 문화 등 적응할 게 한두 가지가 아니었는데 그때 집주인이 이것저것 많은 도움을 주었다.

이제는 우리나라에서도 셰어하우스를 예전보다 자주 접하게 된다. JTBC에서 방영했던 드라마 〈청춘시대〉는 한 집에 모여 사는 여자 다섯 명의 이야기를 담았다. 집주인은 마당만 공유한 채 별채에서 따로 살았다. 물론 드라마적 요소가 다분히 반영되었겠지만, 처음 만나는 사이였음에도 다섯 명의 하우스 메이트들은 서로 의지하며 다양한 사건 사고들을 헤쳐 나갔다.

이러한 경험을 직접 한 작가도 있다. 김결 작가는 홍대에 세 곳, 강남에 한 곳 등 총 네 곳의 셰어하우스를 운영하며 쌓은 노하우를 자신의 책 《셰어하우스 시대가 온다》에 가감 없이 담아냈다. 그녀에게 들은 바로는 하우스 메이트와 함께 사는 게 혼자 사는 것보다 더 좋았다고 한다. 늦은 밤 일을 마치고 집에 가면 늘 불이 켜져 있는 것, 누군가와 이야기를 하고 싶을 때 맥주 한 잔 같이할 사람이 집에 있다는 것, 새로운 친구를 집이라는 공간에서 만들 수 있다는 것 등 그녀가 꼽는 장점은 꽤 많았다. 그녀는 지금도 자신이 만든 셰어하우스에서 입주자들과 함께 살고 있다.

내 삶을 보다 행복하고 풍요롭게 만들기 위해 내 집 마련이라는 목표를 드디어 이루었다면 그 공간을 잘 활용하는 것도 중요하다. 정리 컨설턴트로 유명한 윤선현 대표는 《부자가 되는 정리의 힘》에서 평당 몇천만 원에 달하는 공간에 쓰지도 않는 짐들을 놔두는 일을 하지 말라고 강조한다. 내가 공간을 제대로 활용하겠다고 생각하고 실천하는 것만으로 경제적 손실이냐 새로운 수입이냐가 결정된다.

❸ 월세

아예 집을 비울 수 있다면 월세를 받는 방법도 있다. 아이 둘을 혼자 키우던 50대 엄마는 어느 날 갑자기 집을 비우고 세입자를 들여 매월 들어오는 월세로 세계 여행을 다녀왔다. 바로 《평생 꿈만 꿀까 지금 떠날까》를 쓴 오현숙 작가다. 아들은 군대에 보내고, 딸은 유학길에 오르게 한 뒤, 그녀는 비어 있는 집에서 나오는 월세로 19개월 동안 50개국을 다녀왔다.

집이 있으면 그 집을 관리하느라 집을 비울 수 없는 게 아니라 오히려 더 자유롭게 집을 활용할 수 있다는 걸 보여 준 대표적 사례가 아닌가 싶다. 대부분 월세는 집이 여러 채 있는 집주인이나 되어야 받을 수 있다고 생각하겠지만, 실거주 목적의 집도 나의 계획과 목적에 따라 얼마든지 새로운 수입원으로 활용할 수 있다.

어쨌거나 살아가기 위해서는 공간이 필요하다. 나는 그 공간을 이왕이면 보다 나은 삶을 위해 '내 집'으로 마련하기를 권하고 싶다. 그 공간 안에서 마음껏 휴식을 취하며 미래를 설계하기도 하고 현재 또는 미래의 수입으로도 활용할 수 있으니 말이다.

이제까지 현재의 돈으로 내 집 마련을 해야 한다는 것에 어느 정도 고개를 끄덕일 수 있게 되었다면, 다음 장에서는 그 돈을 어떻게 마련할 수 있을지에 관해 이야기해 보려 한다. 내 집 마련에 대한 결심이 섰다면 이제부터는 실행이다.

제2장

나 혼자 산다, **여유롭게**

푼돈을 큰돈으로 만드는
단 하나의 공식, 습관

점검_ 나도 모르는 내 통장 제대로 까보기

"집이라고 무조건 비싸지만은 않아요. 상암동 오피스텔 중에는 1억 원대 초반으로 살 수 있는 것도 있어요."

"네? 1억 원이요? 너무 비싼데요."

재테크 이야기를 하던 중 내가 집을 사라고 조언하자 한 싱글 여성이 호기심을 보였다. 하지만 곧 구체적인 액수를 이야기하자 1초도 걸리지 않고 너무 비싸다는 답변이 나왔다. 물론 1억 원이 엄청나게 큰돈이라는 사실은 나도 잘 안다. 1억 원은 부르기는 쉬워도 마음먹는 것으로 턱 하니 만들 수 있는 돈이 아니다.

나 역시 1억 원을 모으기 위해 꼬박 7년을 고군분투하던 시절이 있었다. 그때의 기록을 내 첫 번째 책 《적게 벌어도 잘사는 여자의 습관》을 통해 밝히기도 했다. 쉽지 않은 그 돈을 끝내 만들어 낸 비결은 어디까지나 여유 있게 살고 싶은 싱글로서의 소망 덕분이었다. 그리고 거기에는 내 집 마련이라는 구체적인 목표가 있었다.

일단 집을 마련하겠다고 결심했다면 어느 정도 수준의 집을 살 것인지를 먼저 정해야 한다. 그래야 목돈을 모을 기준이 생긴다. 싱글이던 나는 그 기준을 '1억 원'으로 정했다. 현금 1억 원을 모아 1억~2억 원 사이의 집을 사고 싶었다. 물론 그 돈으로 아주 좋은 집을 사기는 힘들다. 하지만 당시 결혼 계획이 없던 나에게 학군 좋은 지역의 30평대 집은 필요 없었다. 어차피 나 혼자 안락하게 오래 살 수 있는 집이면 된다고 생각했고 1억 원도 모으기 힘든 상황에서 말도 안 되게 비싼 집을 목표로 삼는 건 의미가 없을 것 같았다. 나는 1인 가구에 맞춰 그렇게 내 집의 규모를 결정했다.

내가 사고자 하는 집의 규모, 그 집을 위한 자금까지 가이드라인이 생겼다면 이제부터는 그 돈을 마련하기 위한 액션 플랜이 필요하다. 그 첫걸음은 바로 나의 돈이 어떻게 흐르고 있는지 파악하는 것이다. 내가 얼마를 벌고 얼마를 쓰는지 제대로 아는 것이 모든 돈 관리의 기본 중 기본이다.

내가 가진 도넛의 크기 파악하기

내 돈의 흐름을 파악하는 일은 정말 간단하다. 바로 수입에서 지출을 뺀 나머지 돈을 통장에 남기면 끝이다.

번 돈에서 필요한 지출을 뺀 나머지 돈을 저금하는 과정은 대부분의 사람들이 비슷비슷할 것이다. 문제는 그 돈이 도대체 얼마나 되는지, 그 돈을 과연 얼마 동안 모아야 원하는 목표 금액에 도달할 수 있는지다. 수학도 아닌 이 간단한 더하기 빼기를 많은 사람들이 할 수 있을 것 같지만, 상당한 싱글들이 이 정보를 잘 모른다. 그저 느낌상 많이 버는 것도 아니고, 쓸 돈도 거의 없다고 생각할 뿐이다. 지금 당장 먹고 쓸 돈도 별로 없는데 그걸 일일이 계산해서 무엇하나 한탄을 섞어 가며, 어차피 이번 생은 글렀다고 쉽게 말하곤 한다.

특히 싱글인 내 친구는 매달 똑같이 받는 월급, 10원도 다르지 않

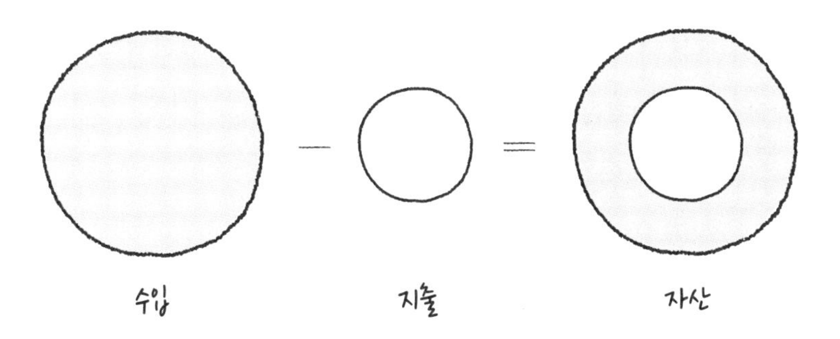

게 나오는 월급을 파악해 봤자 별로 달라질 게 없다는 말을 자주 한다. 화장품 하나 덜 사고 치킨 한 번 덜 먹는 걸로는 삶의 질이 눈에 띄게 나아질 것 같지 않다는 것이다. 그러면서 내가 행복해지는 게 이번 생의 최고 미션인 만큼, 불가능해 보이는 '내 집'보다 오늘의 치킨과 세일하는 마스크팩이라는 더 확실한 행복을 택하겠다고 덧붙인다.

하지만 나는 그런 생각을 하는 친구나 주변 사람들에게 꼭 그렇지만은 않다는 이야기를 해 주고 싶다. 내가 버는 적은 돈도 '내 집 마련'이라는 이름을 붙여 주고 꾸준히 돌봐 준다면 절대 나를 배신하지 않는다는 나의 경험을 일일이 전해 주고 싶다. 그 이야기를 들어보고 싶다면 우선 나의 도넛이 어떻게 생겼는지, 즉 내 자산이 어떤 숫자인지 알아야 한다. 참고로 자산을 파악할 때 한눈에 알 수 있도록 1년 단위로 생각하길 권한다.

❶ 수입

싱글 직장 여성의 일상을 유머 넘치는 그림과 글로 표현해 많은 독자들의 사랑을 받은 《빨강머리N》의 최현정 작가는 돈 버는 일이 힘들게 느껴질 땐 자신의 수입을 월급이 아닌 일당으로 계산해 본다고 한다. 그러면 오늘 사 먹을 수 있는 고깃값을 벌기 위해 직장으로 가는 발걸음이 다소 가벼워지는 것 같다고 말이다. 하루를 쉬면 그날

먹을 음식을 사지 못하게 될 테니까.

나는 최현정 작가와 반대로 내가 버는 돈을 1년 단위로 생각할 때 더욱 힘이 난다. 수입을 월급으로 생각하면 이것저것 떼고 남는 게 별로 없는 것처럼 느껴지다가도 그 월급에 12개월을 곱하면 꽤 목돈처럼 보이기 때문이다. 내가 버는 돈을 무시하지 않을 수 있게 해주는 방법이기도 하다. 100만 원 단위의 돈은 그저 그런 것 같아도 1,000만 원 단위의 돈은 결코 적어 보이지 않는다. 이 돈을 내가 어떻게 쓰느냐에 따라 내 자산의 규모가 달라진다는 생각에 최대한 지키고 아껴 주고 싶어진다.

만약 월급 이외에 연간 수입을 자세히 집계하고 싶다면 국세청 홈택스 사이트에서 '근로소득원천징수영수증'을 보는 방법도 괜찮다. 홈택스 사이트에 로그인하고 '지급명세서 등 제출 내역'을 클릭하면 소득에 대한 내 기록을 쉽게 확인할 수 있다.

내가 1년 동안 벌어들인, 혹은 확실히 벌 것으로 예상되는 소득의 총 합계가 내 자산의 기본값이 된다. 그게 바로 내 도넛의 전체 크기라고 생각하면 된다.

❷ 지출

지출 역시 기본적으로는 국세청 홈택스 사이트에서 확인이 가능하다. 연간 신용카드 사용 금액이나 현금영수증 금액 집계가 가능하기에 한눈에 파악하기가 쉽다. 내가 사용하는 신용카드 홈페이지에서 연간 사용 내역을 확인하는 정도도 충분하다.

앞서 알게 된 나의 연간 수입에서 1년가량의 지출을 빼면 내가 지금 보유하고 있는 자산의 규모를 알 수 있다. 수입에서 지출을 뺀 숫자가 지금 내 통장 잔고로 남아 있어야 제대로 된 도넛의 두께를 알 수 있다. 만약 내가 한 계산과 통장 잔고가 상당히 차이가 있다면 내가 지출한 돈을 정확히 파악하지 못한 것일 수 있다.

이때 한 가지 더 거쳐야 하는 단계가 있다. 내가 쓴 돈의 단순 합계만 생각할 게 아니라 반드시 써야 했던 고정 지출과 꼭 쓰지 않아도 되었을 변동 지출로 구분하는 작업이 필요하다. 교통비, 통신비, 보험료 등의 고정 지출과 기분에 따라 사 먹은 간식비, 스트레스 때문에 충동적으로 지른 의류 구입비 등의 변동 지출을 나눠야 내 자산의 도넛이 얼마나 더 통통해질 수 있는지 가늠해 볼 수 있다. 고정 지출보다 변동 지출이 더 크다면, 그 돈을 줄임으로써 자산 액수를 늘릴 수 있기 때문이다.

❸ 자산 규모

수입(❶)에서 지출(❷)을 뺀 금액이 나의 현재 도넛 두께 즉, 자산이 된다. 이 계산을 하고 나면 당연히 지금의 자산 규모에 만족하기는 어려울 것이다. 그래도 지금부터 변동 지출을 줄여 저축을 조금이라도 더 늘린다면 도넛은 얼마든지 보기 좋게 통통해질 수 있다.

물론 지금 당장 도넛의 크기를 키우기는 어렵다. 월급이 파격적으로 오르거나 월급 이외의 추가 수입이 생기지 않는 이상, 전체 수입의 규모를 결정하는 도넛의 크기는 바꿀 수는 없다. 다만 현재의 돈을 내가 어느 정도 '관리'한다면 지출을 줄여 지금보다 더 통통한 도넛을 만들 수는 있다.

지겹고 짜증 나는 '절약과 저축'에 관한 이야기라고 생각하지 마라. 내가 가진 돈으로 절약과 저축도 하지 못한다면 내 집은 꿈도 꿀 수 없다. 대부분의 사람들이 그렇게 자신이 버는 돈을 아끼고 줄여 돈을 모아 거주지 문제를 해결하는 데 쓴다. 미래의 나를 위해 현재의 돈을 매만지는 일은 지극히 당연하다. 나의 자산 흐름도 알지 못하면서 돈 관리를 시작할 수는 없는 노릇이다.

WORK TO DO!

◦ 지금 당장 내가 가진 도넛의 두께를 확인해 보자.
(1년 기준)

① 수입

② 지출 ┌ 고정 지출
　　　　└ 변동 지출

③ 자산 규모

◦ 어느 정도로 나의 도넛을 두껍게 만들고 싶은가? 그렇게 하려면 어떤 지출을 줄일 수 있을지 적어 보자. 혹은 수입을 늘릴 방법이 있다면 함께 생각해 보자.

소비 1단계_ '나에게 선물' 주기 전에 일단 생각을

"내가 남편 옷을 살 일이 있나, 애 학원비를 쓸 일이 있나. 나는 나한테 쓰는 게 전부잖아. 내가 그 정도도 못 쓰나, 뭐."

헬스장을 장기로 끊어 놓고 제대로 가지 않는 친구에게 잔소리를 하자 그녀는 아주 당당하게 자신의 씀씀이에 대해 항변했다. 어차피 결혼과 육아에 목돈이 들 일이 없는 비혼 직장인으로서 다른 사람들이 아이 교육비나 시댁 일에 돈을 쓰는 것처럼 자기도 스스로에게 돈을 쓰는 것일 뿐이라고 말이다.

아주 틀린 말은 아니다. 결혼한 사람들이 주택 대출금을 갚고, 명절이나 집안 행사 때마다 양가 모두를 챙기느라 두 배씩 돈을 쓰고 출산과 육아로 상당한 생활비를 지출할 때, 그녀는 자신의 돈을 고스란히 지킬 수 있기 때문이다. 그러나 그 돈을 지키는 방식이 저축이 아닌 또 다른 종류의 소비라는 점은 그리 바람직하지 않다.

가정을 꾸리고 사는 사람들이라고 해서 무조건 돈을 많이 쓰는 건 아니다. 결혼 후 돈을 잘 모을 수 있는 골든타임, 즉 아이가 태어나기 전까지는 맞벌이를 하며 가능한 한 많은 돈을 모으고자 노력한다. 이들은 출산과 양육을 위해서 누가 시키지 않아도 절약, 저축을 하는 행동이 자연스럽게 몸에 밸 수밖에 없다. 게다가 결혼을 하며 마련한 거주지를 지키기 위해 어떻게든 대출금을 꾸준히 갚는 과정이 쌓여 시간이 지날수록 가정의 자산이 자연스럽게 늘어나기 쉽다. 이런 사정은 제대로 들여다보지 않은 채, 싱글인 자신은 기혼자들이 지출하는 비용 부담이 없기에 조금 새는 돈 정도는 괜찮다고 말하는 건 문제라고 봐야 한다.

기혼자에게 돈을 많이 모을 수 있는 골든타임이 있는 것처럼 싱글에게도 돈 모으기의 골든타임이 있다. 직장 생활을 마냥 안전하게 오래 할 수 없는 현실은 결혼과 상관없이 직장인 모두에게 적용되는 공통 사항이다. 지금 당장 월급을 꼬박꼬박 받는다고 해서 마냥 여유로운 소비를 할 수 있는 게 아니라는 말이다.

몇 년 내로 이직이나 퇴사 계획이 없다면 우선 그 기간을 돈 모으기의 골든타임으로 정해야 한다. 내가 언제까지고 그 월급을 받는다는 보장이 없으므로 최대한 안정적으로 돈을 버는 동안은 내가 할 수 있는 최대한의 저금을 하는 게 좋다. 물론 이 저금은 내가 나중에 마음 편히 살 수 있는 집을 마련하는 데 쓸 돈이다. 나이가 들어 이런저런 경쟁에서 밀리다 월급마저 위태로워지기 전에 지금부터 이를 대비할 생각을 할 수 있어야 한다. 수입도 줄고 집도 없는 상황을 예측하지 못한 채 현재의 지출에 관대해지는 건 위험하다.

특히 가지도 않을 헬스장에 돈을 쓰는 것처럼 지출 항목이 건강하지 못할 때는 아무리 혼자 벌어 혼자 쓰는 가뿐한 싱글 직장인이라 하더라도 통장 잔고가 위태로워질 수밖에 없다. 여기에 더해 내가 소비를 하는 항목이 혼자서 멋있게 사는 것처럼 '보이기' 위한 것이라면 더더욱 재정 건전성을 의심해 봐야 한다.

지금의 나에게 충분한 투자를 하는 것이 멋진 싱글의 라이프스타일이라며 계절마다 사는 옷, 1~2개월 정도 다니다 마는 자기계발용 학원들, 어디 가서 주눅 들지 않기 위해 무리해서라도 마련하는 명품 가방, 내가 나를 잘 대접하고 싶어 들르는 고급 레스토랑 등에 돈을 쓰며 순간의 만족을 일삼지 말자. 이 모든 것들이 나쁘다는 게 아니다. 소비에도 중요한 순서가 있다는 걸 잊지 말아야 한다는 뜻이다.

나를 위해 쓸 수 있는 돈이 결혼한 사람보다 상대적으로 많다고 해서 전체 자산도 많다고 착각하면 곤란하다. 이것이 바로 싱글이 빠지기 쉬운 소비의 함정인데, 나는 이러한 함정에 걸리지 않기 위해서 무조건 돈 관리의 우선순위를 '의식주'로 정했다. 노후를 설계할 때, 내가 나를 책임지는 수준을 끼니 해결과 입을 옷 구입에 그치지 않고 '집' 문제까지 끌어들여 생각했다. 그 결과 의식주 이외의 지출은 우선순위에서 전부 밀리게 되었고, 그 덕분에 자동차 구입 등 단순 소비성 지출을 절대적으로 줄일 수 있었다. 내가 나에게 주는 선물 등은 거주의 안정성을 해결한 후에 해도 늦지 않는다고 생각했다.

내가 나에게 의식주라는 기본적인 문제를 해결해 주지 못한 상황에서는 그 어떤 소비도 절대 우선순위가 될 수 없다. 결혼과 상관없이 노후 준비는 모든 사람들이 풀어야 할 숙제다. 그리고 그것의 탄탄한 바탕이 바로 의식주다. 이 사실만 잊지 않는다면 불필요한 변동 지출을 줄이는 것, 제대로 된 우선순위 소비, 건강한 소비 패턴 등의 숙제는 어느 정도 해결할 수 있다.

적게 쓰고도 만족하는 소비가 되려면

《정신과 의사에게 배우는 자존감 대화법》을 쓴 문지현 선생님이 이런 말을 한 적이 있다. "상대방에게 화를 내기 전에 내가 무엇을 원하는지 먼저 생각해야 합니다." 예를 들어 동생이 내 방을 엉망으로 만들어 놓았다면 이때 무작정 동생에게 소리부터 지를 게 아니라 내가 바라는 게 무엇인지를 우선적으로 파악해야 한다는 것이다. 화를 내고 싶은 건지, 동생이 지금 당장 방을 치우길 바라는 건지, 다시는 내 방에 들어와 내 물건에 손대지 않길 바라는 건지, 진짜 내 마음을 알아야 가장 효과적인 대응이 가능하다. 동생이 내 방을 깨끗이 치우길 바랐는데 내가 크게 소리를 지르자 화가 난 동생이 집을 나가 버렸다면, 어쩔 수 없이 청소를 나 혼자 해야 할 수도 있으니까.

적게 쓰고도 만족하는 소비에도 이러한 지침을 적용할 수 있다. 지갑을 열기 전에 내가 무엇을 원하는지 내 마음을 아주 솔직하게 헤아려 보라. 이걸 사서 친구에게 자랑하고 싶은 것인지, 오래전부터 갖고 싶었던 거라 벼르고 별러 사는 것인지, 지금 당장 필요해서 사는 것인지 등 있는 그대로의 내 속내를 들여다보면 된다. 여기서 중요한 건 '합리적 소비'가 아니라 '솔직한 소비'다. 감정에 휘둘릴 수밖에 없는 사람인 이상 언제나 합리적인 소비만 할 수는 없다. 아무리 소비의 우선순위를 의식주에 맞췄다 하더라도 불필요한 소비가 하나도 없을 수는 없다. 소비에 실수가 섞이는 게 어쩔 수 없는 일이라면 솔직한 소비라도 할 수 있어야 한다.

'예쁜 쓰레기'라는 말을 들어 본 적이 있는가? 필요 없는 걸 뻔히 알지만 정말 예뻐서 사게 되는 물건을 말한다. 예쁜 쓰레기를 갖고 싶은 게 정말 솔직한 내 마음이라면 이를 무조건 막기만 할 게 아니라, 내가 감당할 수 있는 금액 내에서 돈을 써도 괜찮다. 돈 관리의 기본은 돈에 대한 긍정적인 감정을 갖는 것이기 때문이다. 내 집 마련을 위한 여정은 생각보다 긴 기간이다. 그 시간 내내 돈을 아낀다고 아무것도 못 하고 살 수는 없는 노릇이다. 장기적인 돈 관리에서는 의식주라는 우선순위를 항상 인지하고 있는 상태에서 솔직한 소비를 병행하는 게 도움이 된다.

돈을 쓰고 난 후 후회와 자책 등 불만족스러운 기분을 지속적으로 느끼게 된다면 꾸준한 돈 관리가 어렵다. 대부분의 부자는 돈에 대해 좋은 감정을 갖는다고 한다. 돈은 꿈을 이룰 수 있게 해 주기도 하고 다른 사람을 도와줄 수도 있는 수단이라고 생각한다. 그런 마음일수록 돈을 조금이라도 더 가까이하려 하고, 그 돈을 쓰는 주체인 나 자신에 대한 관심도 높아진다. 결국 돈을 다루는 사람과 돈이 같이 성장하는 게 자연스러운 흐름으로 연결되는 것이다.

이렇게 돈에 대한 느낌을 좋게 유지하기 위해서는 내 돈을 내 마음대로 쓸 수 있어야 한다. 내 마음을 제대로 파악하고 의미 없는 변동 지출을 줄이는 방법만 알아도 돈에 대한 부정적인 감정을 상당 부분 털어 낼 수 있다. 내 돈을 내 마음대로 쓸 수 있게 되면 돈에 대한 주도권을 갖게 된다. 그 결과 나도 모르게 쓰게 되는 불필요한 변동 지출을 꽤 줄일 수 있게 될 것이다. 내가 정말 원하는 곳에 돈을 쓰는 것이야말로 건강하고 만족스러운 소비의 완성이다.

다만 솔직한 소비에도 브레이크 같은 장치는 있어야 한다. 내가 원하는 소비를 하는 것에도 우선순위가 필요하고 한도가 있어야 한다. 미리 정해 둔 상한선 내에서 의식주를 제외한 돈을 쓴다면 주머니 사정도 타격받지 않으면서 만족스러운 돈 쓰기가 가능해질 것이다.

WORK TO DO!

- 나는 의식주를 제외하고 무엇에 돈을 쓸 때 가장 행복한가?

- 그 소비를 절대 포기할 수 없다면, 조금이라도 줄일 수 있는 합리적인 방법은 무엇인가?

소비 2단계_ 적게 벌어도 잘사는 부자 언니의 비밀

"이자는 고마 얼마 안 된다. 한 15퍼센트 되나? 그래도 내는 빚 다 갚고 이렇게 꼬박꼬박 저금할 수 있는 것만으로도 정말 좋다!"

인기리에 방영됐던 드라마 〈응답하라 1988〉에 나온 덕선이 엄마의 대사다. 이자가 무려 10퍼센트가 넘는데 얼마 되지 않는다고 아무렇지도 않게 말하는 장면에서 세월이 정말 많이 지났음을 느끼는 시청자가 많았을 것이다.

내가 본격적인 저축을 시작했던 대학생 시절에는 7퍼센트의 금리 상품에 어렵지 않게 가입할 수 있었다. 제2금융권에서는 9.1퍼센트짜리 상품을 본 적도 있었다. 적금이 만기된 후 붙은 이자가 제법 서운하지 않았던 시절이다. 이때도 예전에 비해 금리가 너무 낮은 거라고 했지만 이제는 그때가 참 좋은 시절이었구나 싶다.

지난 2017년 11월에 기준금리가 인상되었다. 무려 6년 5개월 만의 일이었다. 그렇다고 갑자기 1퍼센트대였던 이자가 10퍼센트 가까이 오르는 걸 기대할 수는 없다. 고작 2퍼센트대 초반의 상품이 몇 개 생겼을 뿐이다. 여전히 예·적금 이자는 낮아도 너무 낮다. 그리고 앞으로도 이러한 상황에 큰 변화가 생기지는 않을 것이란 분위기가 팽배하다. 당연히 저축을 하고 싶은 마음이 적극적으로 들지 않는다. 돈을 맡겨 봤자 이렇다 할 보람이 느껴지지 않으니 말이다. 이럴 때 10퍼센트나 되는 이자의 효과를 누리면서 저축을 할 수 있는 방법은 없을까?

은행에 기대느니 내가 은행되기

1만 원을 저축한다고 했을 때, 10퍼센트에 해당하는 1,000원을 만드는 방법은 1,000원을 더 저금하는 것이다. 어차피 은행에서 10퍼센트에 달하는 이자를 주지 않는다면, 아예 처음부터 내가 그 이자까지 생각하며 조금 더 저축하면 된다. 한마디로 지금보다 조금 더 허리띠를 졸라매라는 말이다.

이러한 말에 짜증이 날 수도 있다. "그렇게까지 돈을 안 쓰면 삶이 초라하다.", "현재의 즐거움을 포기하는 것도 좋지 않다.", "많은 사람들이 극단적으로 돈을 쓰지 않으면 경제가 어려워진다." 등 할 말이 많을 것이다. 틀린 말은 아니지만 그렇다고 우리나라의 경제를 살려야지, 하면서 이제껏 돈을 써 온 것도 아니지 않은가. 국가의 대의를 위해 스스로를 희생하며 절약과 저축 대신 경제 활성화를 위한 소비를 해 온 게 아니라면 이제는 나 자신을 위한 절약과 저축을 해 볼 때도 되었다.

돈을 모으려면 소비에서 저축으로의 근본적인 체질 개선이 필요하다. 그런 의미에서 10퍼센트의 이자 효과를 누리는 방법을 이해해 주면 정말 좋겠다. 혼자인 나를 위해 내 집을 마련하고자 하는 간절함이 있다면, 가장 먼저 '10–10 클럽' 멤버가 되라고 조언하고 싶다. '10–10 클럽'이란 내가 저금하는 액수에 10퍼센트를 더 얹어서 저금하는 것을 말한다. 여기서 조금만 더 변동 지출을 줄일 수 있다면 10퍼센트의 10퍼센트를 더 저축해도 좋다.

만약 1만 원을 저금했다고 치자. 이자율이 10퍼센트라면 원금 1만 원에 1,000원이 붙어야 한다. 그러나 요즘 이런 이자를 주는 은행은 어디에도 없다. 그래서 내가 1,000원을 더 저금하는 것이다. 조금 더 무리할 수 있다면 1,000원의 10퍼센트인 100원을 추가하면 된다. 한마디로 내가 스스로 은행이 되어 저축하라는 말이다. 원래 모으려고 했던 돈에서 10퍼센트 정도의 금액을 더 저축하면 이자율 10퍼센트의 효과를 누릴 수 있다. 10퍼센트 이자의 10퍼센트까지 가능하다면 바로 10-10 클럽의 멤버가 되는 것이다.

그저 황당무계한 소리로만 치부하지 말길 바란다. 이러한 저축 생활을 평생 하라는 게 아니기 때문이다. 내 집 마련이라는 확실하고도 명확한 목표를 진정으로 이루고 싶다면 그 목표에 도달하는 시간만큼은 어느 정도 치열하게 보낼 마음의 준비가 필요하다는 것쯤은 짐작할 수 있어야 한다. 그 과정에서만 허리띠를 평소보다 조금만 더 바짝 당겨 보자는 것이다. 그것도 한시적으로 말이다.

국방홍보원이 지난 2018년 1월에 조사한 병사들의 월급 사용처 1위가 어디였는지 아는가. 그건 바로 '적금'이었다. 휴가나 외출을 나가 부모님께 용돈을 받는 일이 많았는데, 많은 금액은 아닐지라도 자신이 병사 급여에서 모은 돈을 부모님께 드릴 수 있어 기쁘다는 내용에 엄마 미소가 자동으로 지어졌다.

나 역시 내 집 마련을 위한 1억 원을 모으는 동안은 상당한 짠순이 생활을 했다. 자동차를 살 생각도 하지 않았고 누구나 하나씩은 갖고 있다는 명품 가방도 사지 않았다. 돈을 주고 산 일회용 비닐 봉투는 따로 모아 두었다가 환불을 받은 적도 많았고, 습관적으로 마시기 쉬운 식후 커피도 가급적 멀리했다. 심지어 옷값을 줄이기 위해 직접 옷을 만들어 입기도 했고, 데이트 비용을 아끼기 위해 지금의 남편과 커플 통장을 만들기도 했다. 나는 정말 간절하게 돈을 모았다. 어차피 세상을 사는 동안 내가 나를 책임져야 한다면 돈이 없어서 원하는 일을 포기하거나 서러운 일을 당하는 경험을 절대 하고 싶지 않았다. 내 집 마련으로 경제적 독립을 이룰 수 있다면 정말 좋겠다는 생각이 내 안에 가득했다.

그러자 돈을 아끼고 저축하는 동안 참 신기하게도 '힘들다', '고생스럽다', '짜증이 난다'는 생각이 거의 들지 않았다. 아주 가끔 지칠 때는 있었어도 다 때려치우고 싶을 만큼 지겹거나 싫지는 않았다. 남들이 쉽게 사는 것도 여러 번 고민하는 것, 편하게 돈을 쓰는 대신 다소 불편한 방식으로 돈을 아끼는 일 등은 오히려 내가 열심히 노력하고 있다는 느낌이 들어 더 좋았다. 게다가 그 느낌은 막연한 감정이 아니라 통장 잔고의 숫자로 확인되는 명백한 증거였다. 숫자의 크기가 점점 커질수록 내 집 마련이라는 목표에 제대로 도달하고 있다는 걸 확인할 수 있었다. 결국 간절함이 크면 클수록 나를 움직이게 하는 동력도 비례해 커지는 셈이었다.

나는 돈이 생길 때마다 약간 빠듯하다 싶을 정도로 저축을 했다. 이러한 행동이 바로 10퍼센트의 이자율과 같은 효과를 가져왔다. 반드시 내 집을 마련하고야 말겠다는 간절함이 10-10 클럽 멤버로 살게 했다.

1억 원이라는 확실한 목표 금액이 있었기에 즉, 골인 지점이 늘 보였기에 가능했던 것도 있다. 아무리 생활 재테크를 잘 실천하는 나도 이렇게 평생을 살라고 하면 못 할 것 같다.

내가 전하고 싶은 높은 이자 효과의 비밀은 이게 전부다. 내가 집을 얼마나 마련하고 싶은지에 대한 간절함을 확인하고 목표 금액을 잊지 않는다면, 누구나 괴롭지 않게 실천할 수 있다. 이러한 노력은 훗날 달디단 목표 달성으로 보상받게 될 것이다.

WORK TO DO!

◦ 생활 속에서 줄일 수 있는 소비 항목을 구체적으로 적어 보자.

◦ 그 돈을 추가로 저축한다면 한 달에 얼마의 돈을 더 모을 수 있는가?

저축 1단계_ 벼락치기로 되는 건 아무것도 없다

"티끌 모아 티끌이다."

인터넷에서 많이 볼 수 있는 박명수의 어록 중 하나다. 아무리 자산을 늘리기 위해 절약과 저축을 해 봤자 그 돈이 아주 적다면 큰 의미가 없다는 뜻이다. 속담을 살짝 비튼 이 말은 이미 많은 사람들이 수긍한 명언이 되어 버렸다.

나도 이 말에 어느 정도 고개가 끄덕여지긴 한다. 성실하게 직장생활을 하면서 동전 하나 허투루 쓰지 않으려 노력하며 열심히 돈을 모아도, 형편이 생각처럼 쉽게 나아지는 건 아니니까. 게다가 연예인들이 몇 편의 광고 수입만으로 건물주가 되는 걸 보면 돼지 저금통에

몇백 원을 알뜰하게 모으는 게 큰 티끌처럼 생각될 때도 있었다.

하지만 이런 생각을 가진 채 아무것도 하지 않는 사람과, 그래도 저축을 멈추지 않고 꾸준히 실행한 사람의 미래가 다르다는 것을 모르는 사람은 없을 것이다. 수입의 규모는 사람마다 천차만별일지라도 모든 사람에게 동일하게 적용되는 조건인 '시간' 덕분이다.

여기서 내가 말하고 싶은 '시간'은 복리 효과에 관한 게 아니다. 요즘처럼 이자가 낮은 시대에 단리든 복리든 기대할 수 있는 수준은 안 되는 것 같다. 주식 투자를 권하는 사람들은 우량주를 적금 붓듯이 매달 조금씩 사 두라고 하지만, 나는 이러한 투자로도 재미를 보지 못했다. 나는 그저 우직하게 '저축'으로 시간의 힘을 실감했다.

적립식 펀드 상품에 가입해 본 적은 있지만 적금의 다른 형태로 바라봤을 뿐, 엄청난 수익을 기대한 건 아니었다. 실제로 수익이 난 적도 있었지만 오히려 원금을 잃은 적도 있었다. 이렇게 저렇게 계산해 보면 특정 상품 덕을 본 건 거의 없고 꾸준한 절약과 저축이 결국 내 집을 살 수 있는 목돈을 마련해 주었다.

그래서 나는 투자에 자신 없고, 목표 금액도 감이 잘 안 오는 싱글들을 위해 내가 실제로 이룬 '저축으로 1억 원 만들기'의 경험과 노하우를 공유하고자 한다. 앞서 변동 지출을 줄이는 이야기를 했다면, 이번에는 그렇게 줄인 돈을 어떻게 목돈으로 만들 수 있는지를 이야기하려고 한다.

물론 반드시 1억 원을 마련해야 내 집을 살 수 있는 건 아니다. 다만 내가 싱글일 때 현금 1억 원을 갖게 된 후 내 집을 알아보기 시작하면서 내 인생을 나 혼자서도 얼마든지 헤쳐 나갈 수 있겠다는 자신감이 생겼기에 상징적인 숫자이기는 하다. 처음엔 엄두도 나지 않던 그 돈을 모으고 나면 내게 필요한 더 많은 돈도 모을 수 있겠다는 기분도 절로 든다. 10만 원을 모아야 100만 원을 만들 수 있고, 100만 원을 만들어 봤다면 1,000만 원도 손에 쥐는 날이 온다. 이걸 가능하게 하는 건 바로 시간의 힘이다. 말 그대로 차근차근 저금의 다음 단계를 밟다 보면 정말 1억 원이 통장에 찍히는 날이 온다.

내 적금에 홀짝제 시간을 적용하기

나는 어릴 때부터 일찌감치 내 집 마련을 꿈꿨던지라 대학교 때 첫 월급을 받자마자 집을 사기 위한 적금 통장을 곧바로 개설했다. 이때 내가 중점을 두었던 건 바로 적금 통장의 만기 날짜 설계였다. 나는 각각 1년, 3년, 5년, 7년 만기의 통장을 만들었다. 차량 홀짝제처럼 적금 만기를 설계한 것이었다. 그날이 정말 오긴 할까 싶었던 7년짜리 적금을 무사히 마치자 1억 원을 모을 수 있었다. 지금이야 '통장 쪼개기'라는 말로 모든 것이 설명되는 전략이지만 내가 통장을 여러 개 만들 때만 해도 그런 개념이 존재하지 않았다. 나는 이를 시간의 힘이라고밖에 설명할 수가 없다.

1년 만기의 적립식 적금은 단기적 성취감을 목표로 했다. 이때는 약간 무리가 아닐까 싶을 정도의 금액을 매달 저금했다. 동대문의 한 쇼핑몰 방송실에서 일하며 받던 세후 121만 원의 급여 중 100만 원씩 저축하던 시기였다. 100만 원짜리 적금은 매달 돈이 쑥쑥 늘어나는 게 눈에 보여 힘들긴 해도 통장 잔고를 확인하는 재미가 있었다. 사정상 10개월 시점에 중도해지를 해야 했지만, 이 적금 덕뷰에 1,000만 원이라는 목돈을 만들 수 있었다.

3년 만기의 적금은 근로자우대저축이었다. 자유적립식 적금으로 이자도 높은 편이었고 이자에 대한 세금도 떼지 않는 비과세 통장이었다. 3년 만기와 5년 만기 중에서 고를 수 있었는데, 3년을 선택했다가 이보다 더 좋은 상품을 찾을 수 없어 2년을 연장해 5년 만기를 꽉 채웠다. 100만 원씩 저금할 때는 이 통장에 넣을 돈이 별로 없어서 1만 원, 2만 원 등의 소액으로 겨우 유지만 했다. 1년짜리 적금이 만기된 후에는 이 상품에 최대한의 금액을 저축하려 노력했다. 대단히 아쉬운 점은 이 상품이 더 이상 존재하지 않는다는 것이다.

7년 만기의 적금은 장기주택마련저축이었다. 자유적립식 적금이라서 내가 불입할 수 있는 최소한의 금액으로 겨우 유지만 하다가 근로자우대저축이 만기되자마자 남은 2년 동안 영혼을 다해 열심히 굴

1년 적금(매월 100만 원 저축)

5년 적금(자유저축)

매월 1~2만 원	매월 100만 원	매월 100만 원
10개월	3년	5년

7년 적금(자유저축)

매월 1~2만 원	매월 1~2만 원	매월 1~2만 원	매월 100만 원
10개월	3년	5년	7년

렸다. 안타깝게도 이 상품 역시 지금은 존재하지 않는 비과세 상품이다. (앞에서 1년, 5년 만기로 찾은 목돈은 7년 상품 만기 시까지 정기예금으로 묶어 두었다.)

나는 적금 통장들을 첫 월급을 받자마자 거의 같은 시기에 개설했다. 통장은 여러 개였어도 '내 집 마련'이라는 같은 목표를 갖고 있으니 돈의 흐름을 같은 방향으로 설계해야 한다고 생각했다. 그래서 만기 단위가 짧은 통장에 집중하다가 그 통장이 끝나면 그다음 통장에 정성을 쏟고, 또 그 통장이 끝나면 다음 통장으로 바로바로 넘어갈 수 있었다.

1년짜리 적금이 만기가 되면 그 돈을 다시 재예치하기까지 시간이 걸리는 경우가 종종 생긴다. 만기가 되었다는 걸 알면서도 일이 바빠 한동안 잊었다거나, 더 좋은 상품을 찾느라 이래저래 한두 달이 훌쩍 지나기도 한다. 또는 만기된 돈의 일부를 쓰기도 한다. 나는 그런 시간 차이를 없애고, 쉽게 돈을 꺼내 쓸 수 있는 기회를 최소화하고 싶었다. 그래서 아예 단기, 중기, 장기 상품을 한꺼번에 만들었다. 그 덕분에 내 집 마련을 위한 돈 관리의 흐름이 끊기지 않고 끝까지 유지될 수 있었다고 생각한다. 5년 만기 상품을 3년 동안 갖고 있거나 7년 만기 상품을 5년 내내 유지한 이상 그 돈을 깨기도 힘들다. 이미 절반 이상의 기간 동안 유지를 한 게 아까워 어떻게든 만기를 채우려고 노력하게 된다.

나는 그렇게 긴 시간을 들여 1억 원을 모았다. 돈이 별로 없을 때는 유지하는 쪽으로, 제대로 된 월급이 생긴 이후에는 최선을 다해 홀짝제 중 홀수 만기 상품들을 만들어 내 수입을 정성껏 쏟아부었다. 흔하디 흔한 통장 쪼개기였음에도 목표의 방향성을 일관되게 가져가니 내가 바라던 금액이 모였다. 시간의 힘은 제 역할을 충분히 해 주었다.

티끌 모아 티끌이라는 생각을 시간의 힘으로 극복해 보자. 홀수든 짝수든 하나를 선택해 일관된 저축을 유지해 보자. 나의 경우 '1,

3, 5, 7'년짜리 통장이었지만, '2, 4, 6, 8'년짜리 적금 설계도 상관없다. 이 통장들을 같은 날 한꺼번에 개설하여 통장이 하나씩 만기될 때마다 재빨리 다음 통장으로 저금을 갈아타는 방식으로 저축을 유지해 보자.

물론 내가 돈을 모으던 시절에 비해 이자도 형편없고 물가도 많이 올랐다. 같은 기간 동안 같은 금액을 저금해도 1억 원을 만들기 힘들 가능성이 크다. 게다가 2~3년짜리 적금부터는 자유적립 상품이어야 나와 비슷한 저축 패턴이 만들어질 텐데 자유적립 상품은 이자율도 형편없다. 하지만 그럼에도 이 방법을 알려 주는 이유는 내 집 마련의 종잣돈을 만드는 데에 일관된 흐름과 유지가 정말 필요하기 때문이다. 종잣돈은 일단 꾸준히 모을 수 있는 데까지 모으는 게 우선이다. 그러기 위해서는 한 번 모은 돈이 중간에 새는 일이 없게끔 다음 단계를 촘촘하게 만드는 게 중요하다.

다만 이러한 장기적인 돈 관리 계획이 누구에게나 잘 맞는 건 아니다. 누군가에겐 이렇게 긴 기간이 너무 막막하다 싶을 정도로 현실성 없이 느껴질 수도 있고, 이자율이 너무 낮은 자유적립 상품을 오래 유지할 필요성을 못 느낄 수도 있다. 이것이 절대적인 방법이라기보다 이런 방법으로 오랜 저축을 한 사람도 있다는 정도로 이해해 주면 좋을 것 같다.

WORK TO DO!

- 현재 판매되고 있는 적금 상품을 금융회사별로 찾아보자. 그중에서 가장 높은 금리를 받을 수 있는 적금이 무엇인지 살펴보고, 매월 불입 금액을 설계해 보자.

저축 2단계_ 월급 100퍼센트 저금하는 법

"그건 조삼모사 아닌가요? 월급에서 생활비를 쓰고 남은 돈을 저축하나, 미리 빼놓은 돈을 쓰면서 월급을 전부 저축하나 그 돈이 그 돈이잖아요. 뭐 하러 복잡하게 그렇게 하나요?"

나는 지난 2016년 하반기 동안 네이버 포스트의 짠테크 분야 스타에디터로 활동했다. 일주일에 한 편씩 재테크와 관련한 내용으로 포스팅을 연재하며 나의 재테크 팁을 많은 사람들과 공유했다. 여러 포스팅 중 7만 명이 넘는 사람들이 반응을 보였던 글 중에 '월급 100퍼센트 저금하는 법'이 있었다. 2017년이 되자마자 새로운 마음으로 재테크를 하고 싶어 하는 사람들을 위해 쓴

글이었다.

'월급 100퍼센트 저금하는 법'이란 돈 관리를 '1년' 단위로 운영하는 것을 기본으로 한다. 이제껏 월급을 받으면 그 안에서 쓸 돈 쓰고 남은 돈을 저축하는 식의 '1개월' 단위 돈 관리를 해 왔다면, 이를 연간 예산으로 바꾸는 것이다. 예를 들어 내게 필요한 한 달 생활비가 100만 원이라고 치면, 1년 동안 필요한 예산은 1,200만 원이다. 여기에 3개월 치 생활비인 300만 원을 예비비로 추가하면 더 좋다. 총 1,500만 원의 연간 생활비를 확보한 후 1년 내내 이 돈으로 생활한다면 지출에 필요한 연간 예산 계획이 모두 수립된 것이다. 이때 1년 동안 매달 발생하는 수입은 적금 통장을 개설해 전부 그곳에 저금한다면 연간 소득 계획도 완성이다. 이게 바로 '월급 100퍼센트 저금하는 법'의 모든 것이다.

이 글을 본 사람들의 반응 중 일부가 바로 앞의 내용이었다. '굳이 연간 예산을 왜 짜느냐'는 댓글은 어차피 미리 빼 둔 돈으로 생활하나, 매달 받는 급여에서 생활비를 쓰고 남은 돈을 저축하나 내 총 자산은 그대로이지 않느냐는 뜻이다.

그 의미를 이해하지 못하는 바 아니지만, 내 생각은 조금 다르다. 1년을 기준으로 돈 관리를 하면 월 단위로 돈 관리를 할 때보다 더 큰 그림을 그릴 수 있기 때문이다.

월급을 기준으로 소비와 저축을 하면 실제로 돈이 모이는 속도가 더디다. 생활비를 쓰고 남은 월급이 결코 많을 수가 없거니와 나도 모르게 쓰게 되는 돈, 예상하지 못한 지출 등으로 저축을 꾸준히 하기 어려울 때도 있다. 하지만 내게 필요한 최소한의 생활비를 기준으로 1년 예산을 결정한 후 이를 매달 나눠 쓰게 되면, 어떻게든 그 안에서 소비를 하려는 노력이 자연스럽게 이뤄진다. 매달 얼마를 쓸 수 있는지 쉽게 가늠할 수 있는 덕분이다. 게다가 내가 버는 돈을 100퍼센트 저금할 수 있게 되어 통장의 잔고 느는 속도도 상당해 저축하는 재미를 느낄 수도 있다.

연간 예산 운영의 장점은 또 있다. 바로 가계부를 쓸 필요가 없다는 것이다. 어쨌든 주어진 예산 안에서 생활비를 쓰는 것이므로 자잘한 소비를 기록하는 게 큰 의미가 없다. 그저 1년 예산을 초과하지 않는 것만 잘 지키면 그만이다. 또한 1년을 기준으로 생활비 지출의 흐름을 살펴보면 명절이나 가정의 달인 5월, 휴가 기간 등에는 생활비가 다른 때보다 조금 더 필요하다는 걸 쉽게 파악할 수 있는데, 이때는 큰 행사가 없는 달에서 생활비를 어느 정도 줄여 두었다가 그 돈을 조절해서 쓰면 된다. 예비비로 빼 둔 돈의 일부를 쓰는 것도 괜찮다. 1년 예산을 미리 확보한 덕분에 생활비를 보다 융통성 있게 쓸 수 있는 것이다. 이외에도 받아야 할 돈에 문제가 생겨 제때 입금이 되지 않았다 하더라도 큰 걱정을 하지 않아도 된다. 그 돈이 아니더라도 1년 동안 쓸 수 있는 생활비가 있지 않은가. 매달 들어오는 돈만 바라보고 생활하지 않을 수 있다는 건 나의 경제 활동이 급박하게 돌아가지 않아도 된다는 뜻이다.

수입도 마찬가지다. 매달 들어오는 돈을 100퍼센트 저금하는 것으로 가계부 작성이 아주 간단하게 끝나 버린다. 통장 정리만 하면 그만이다. 연말이면 내가 1년 동안 얼마의 돈을 벌었는지도 쉽게 계산이 된다. 평소라면 무심코 써 버렸을 자잘한 수입들도 모조리 저축할 수 있기에 이제껏 저금했던 액수보다 월등히 큰 통장 잔고를 갖게 될 것이다.

물론 이러한 연간 예산 기준의 돈 관리법에도 문제점은 있다. 나는 계산하기 편하게 100만 원을 한 달 생활비로 언급했지만, 실제로는 그 이상의 돈이 필요한 경우도 많다. 만약 200만 원의 생활비가 필요한 사람이라면 1년 생활비로 최소 2,400만 원(200만 원×12개월), 최대 3,000만 원(2,400만 원+600만 원)을 확보해야 한다(여기서 600만 원은 비상금으로, 3개월 치 생활비에 해당한다). 말이 쉬워 연간 예산이지, 이만한 목돈을 연초에 미리 빼 두는 게 가능한 사람은 거의 없다.

이에 대해 내가 제시하고 싶은 대안은 다소 시간이 걸리더라도 1년 예산 확보를 목표로 목돈을 먼저 만드는 것이다. 우리의 진짜 목적은 내 집 마련이 맞지만, 1억 원을 모으는 첫 단계로 1년간 필요한 생활비 마련을 추천하고 싶다. 이렇게 연간으로 예산을 운용해야 자산을 그 어느 때보다 주도적이고 효율적으로 관리할 수 있기 때문이다.

매달 월급에 끌려다니듯 카드 값을 내고 나머지 돈으로 빠듯하게 생활을 한 후 얼마 남지 않은 돈을 보람도 없이 저축하는 것으로는 결코 내 집 마련에 가까이 갈 수 없다. 1년 예산이라는 목돈 마련에 성공하고 나면 첫 목표 금액의 성취감이 덤으로 따라온다. 열심히 마련한 생활비인 만큼 아껴 쓰고자 하는 마음도 저절로 들게 마련이다.

예금과 적금의 컬래버레이션 활용하기

1년 치 생활비에 해당하는 돈을 확보했다고 하자. 그럼 다음 단계인 내 집 마련을 위해 어떤 돈 관리를 할 수 있을까? 그 답은 예금과 적금을 동시에 운영하는 것이다.

우선 1년 치 생활비를 마련했다면 그 돈을 제외하고 가지고 있는 돈을 탈탈 털어 1년짜리 정기예금에 가입한다(A). 꼭 목돈일 필요는 없다. 몇십만 원이어도 괜찮으니 무조건 1년 예금으로 묶어 둔다. 핵심은 '마음대로 빼 쓰는 돈이 되어서는 안 된다'는 것이다. 그다음으로 1년짜리 자유적립 적금을 개설해 그 계좌에 1년 동안 버는 모든 수입을 100퍼센트 저축하면 된다(B).

그로부터 1년 후 예금과 적금의 만기일이 되면 그 합계 금액(A+B)에서 올해 써야 할 생활비를 빼고 그 나머지 돈을 이자와 함께 다시

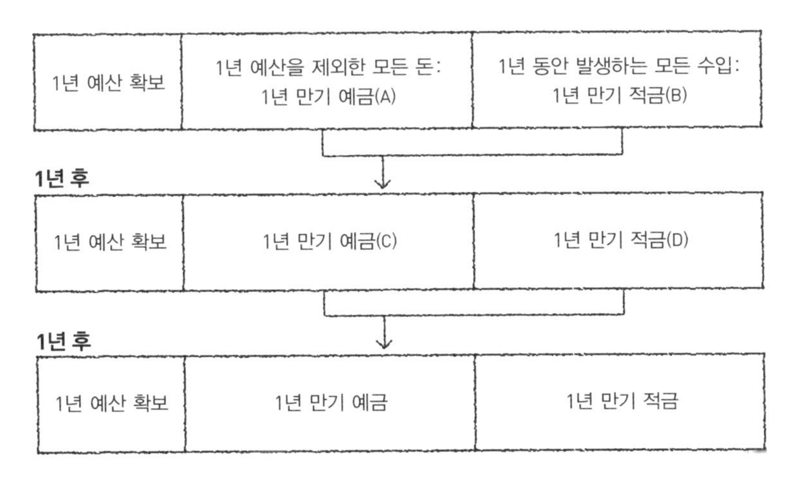

1년짜리 정기예금에 넣어 둔다(C). 그리고 1년짜리 적금을 새롭게 만들고 한 해 동안 생기는 수입 전부를 저축하면 끝이다(D).

이런 식으로 1년 치 생활비를 제외하고 만기된 예금과 적금에 이자를 더해 계속 예금 상품에 다시 예치를 하는 것과 동시에 자유적립 적금을 꾸준히 이어 가면 1년짜리 단기 상품으로도 지속적인 저축이 가능하다. 1년에 한 번씩 예금과 적금 통장의 잔고가 느는 재미도 확실히 느낄 수 있을 것이다. 장기 상품을 활용한 저축에 관심이 없다면 1년 만기 기준으로 예금과 적금을 동시에 운영하는 방법을 권하고 싶다.

프리랜서인 나는 월급이라는 고정 수입이 없기에 이 방법을 활용해 소비와 저축을 하고 있는데 굉장히 간단하고 명확하며 쉽기까지 하다. 들쑥날쑥한 수입은 미리 확보해 둔 1년 치 생활비가 보완해 주고 내가 버는 돈은 자유적립 적금으로 기록이 된다. 게다가 예금과 적금이 1년 단위로 운영되고 있어, 언제 어떻게 찾아올지 모를 삶의 변화에도 대처하기가 유연하다.

적금은 목돈을 만드는 데 필요한 상품이고, 예금은 목돈을 굴리는 데 필요한 상품이다. 적금은 습관처럼 들어야 하는 것이고 예금은 꾸준히 가지고 있어야 하는 상품이다. 내 집 마련을 위해 지속적으로 돈을 모은다면 통장 잔고가 계속 늘어날 수밖에 없다. 그러니 예금과 적금을 적절히 활용해 목표 금액 달성 시기를 효율적으로 앞당겨 보자.

WORK TO DO!

- 만들고자 하는 1년 만기의 예금과 적금 상품을 적어 보자.

미래 대비_ 중간에 넘어져도 일어날 수 있으려면

"은길아, 너 보험 별로 없으면 꼭 추가로 들어. 진짜, 이모 말 꼭 들어. 누가 보험 들어 달라고 부탁하면 매몰차게 거절하지 말고, 여유 있는 만큼만 더 들어 둬도 좋아."

건강이라면 그 누구보다 자신 있어 하던 이모가 60대 중반을 넘기기 시작하면서 부쩍 병원 신세를 자주 지곤 했다. 혼자 살면서도 결코 돈 때문에 깊게 고민한 적이 없는 이모였다. 큰돈을 벌어서가 아니라, 언제든 돈이 필요하면 일해서 벌 수 있다는 자신감 덕분이었다. 이모는 스스로 일해서 버는 돈에 항상 자신감이 넘쳤다.

그러던 어느 날부터 이모의 체력이 예전과 많이 달라졌다. 쉽게 피로를 느끼며 이른 저녁부터 잠들기 일쑤였고, 비슷한 식단을 유지해도 소화가 잘 안 된다고도 했다. 병원을 찾으니 소화기관 질환으로 오랫동안 치료를 받아야 한다고 했다. 골목길을 걷다 지나던 자동차에 살짝 부딪힌 적도 있는데, 뼈에 금이 가 몇 개월 동안 깁스를 하기도 했다. 그 외에도 여러 질환을 치료하느라 입원 치료를 받은 날도 꽤 있었다.

이 모든 일들이 불과 몇 년 사이에 일어났다. 이모는 늘 건강에 자신 있어 했다. 그 건강 덕분에 돈을 버는 일에도 거침이 없었다. 그런데 몸이 약해지니 무엇보다 정상적인 생활이 어려워 보였다. '정상적인 생활'이란 당연히 돈을 버는 활동을 말하는 것이지만 이미 내가 가지고 있는 돈을 지키는 일도 포함된다. 의료비는 대부분의 사람들이 쉽게 감당할 수 있는 수준을 뛰어넘는 경우가 많다. 보험 하나 없이 아픈 몸을 치료하느라 가진 돈을 전부 써 버리는 것도 모자라 빚까지 지게 된 사람들의 이야기는 많이 들어 봤을 것이다.

다행히 이모는 주변 지인의 권유로 들어 둔 보험 덕을 톡톡히 봤다. 만약 이모에게 보험이 없었다면 아픈 기간 동안 돈도 벌지 못하면서 치료비로 상당한 금액을 지출해야 했을 것이다. 그러니 이모가 나에게 보험을 권유하는 것이 조금도 이상하지 않았다. 내 나이 때에는 보험의 필요성을 크게 느끼지 못했지만 나이가 들어 보험 덕을 제대로 보게 되었으니 말이다.

보험과 연금이라는 장기 상품이 멀게만 느껴진 때도 있었다. 내가 가입한 보험에서 의료비 혜택을 받을 정도로 아파 본 적도 없었고, 실제로 연금 생활자를 본 적도 없었으며, 내가 60대가 된다는 상상은 조금도 되지 않았다. '오랫동안 보험이나 연금에 붓는 돈이나, 저축해서 모아 뒀다가 쓰나 다 같지 않나?' 하는 생각도 했다. 보험과 연금 같은 장기 상품은 중간에 해지라도 하게 되면 원금에 대한 손해도 내가 고스란히 감당해야 한다. 게다가 보험사는 내가 낸 돈에서 사업비를 뗀 나머지 돈으로 내 상품을 관리하는데 그럴 바에야 내가 저축하는 게 더 나을 것 같기도 했다.

하지만 나의 60대를 서서히 상상할 수 있는 나이가 되자, 예전과 달라진 체력이 피부로 느껴지게 되자, 퇴사를 강행하며 월급이라는 정기적인 수입이 사라지게 되자, 보험과 연금에 대한 그동안의 생각들이 너무 단순했음을 깨닫게 되었다. 늙고 지치고 아프고 병들 때 필요한 건 돈이 들어 있는 통장 잔고가 아니라 그 통장 잔고를 무너지지 않게 만드는 시스템이었던 것이다.

병을 치료하느라 가지고 있는 돈을 다 써 버린 후 다시 처음부터 돈을 벌고 모으는 과정을 반복하는 건 너무 비효율적이다. 처음부터 그런 상황에 필요한 돈을 준비하는 게 더욱 확실한 대비책이다. 그게 바로 보험과 연금이다. 지금이야 나이 들고 병이 드는 게 나에게 일어나지 않을 일처럼 느껴질 것이다. 하지만 그 어렴풋한 느낌 때문에 자신의 노후를 위험하게 방치하지 않길 바란다. 특히 스스로를 책임지기로 결심한 싱글이라면 더더욱 자기 자신을 위한 대비에 철저해야 한다. 내가 내 발에 걸려 넘어지지 않길 바란다면 말이다.

현재의 돈을 지키기 위한 보험과 연금

그렇다면 싱글로 사는 이들을 위해 어떤 보험과 연금 상품이 필요할까? 윤경희 중앙일보 기자가 직접 수많은 전문가들을 만나 이 질문을 해 본 결과, "절대적인 상품은 없다."는 대답을 들었다고 한다. 보험과 연금의 종류가 많은 건 사람마다 처한 상황이 다르고 필요한 보장 또한 다르기 때문일 것이다. 셀 수 없이 다양한 사람들의 삶을 단순히 몇몇 상품으로 아우를 수는 없을 것이다.

어쨌거나 싱글에게 딱 맞는 '이거 하나면 무조건 오케이' 식의 상품은 없다. 따라서 내게 꼭 맞는 것들을 직접 알아보고 가입해야 하는데, 이때 해 주고 싶은 조언은 딱 두 가지다.

첫째, 처음부터 완전한 상품을 설계할 수는 없다.

둘째, 중간에 찾아오는 권태기를 극복하라.

나는 보험과 연금의 필요성을 느끼기 시작한 30대 중반부터 보험설계사를 적극적으로 만났다. 내가 가진 상품을 분석하고 더 필요한 특약은 없는지 들어 보기 위해서였다. 내가 부담 없이 한 달에 납입할 수 있는 금액과 은퇴를 원하는 시기, 미래의 내게 필요한 생활비 등을 고려하다 보면 선택지가 다양해질 수밖에 없기 때문이다.

선택지가 많다는 건 실수를 저지를 확률도 크다는 뜻이다. 나는 보험과 연금을 선택하는 과정에서 적지 않은 시행착오를 겪었다. 불필요한 상품에 가입했다가 몇 년 뒤에 이를 깨닫고 해약하는 과정에서 원금을 잃기도 했고 용어나 뜻을 잘 몰라 설계사에게 지나치게 의존했다가 나와 맞지 않는 나쁜 상품에 가입해 금전적 손해를 보기도 했다. 그래도 굳이 긍정적으로 생각해 보자면 이러한 과정을 겪은 덕분에 지금 나에게 맞는 보험과 연금에 가입했다는 것이다. 보험이 없는 상태에서 아프기라도 하면 그게 더 큰일일 테니까.

현재의 내 돈을 지키면서 보험과 연금에 가입하는 건 이래저래 쉽지만은 않지만, 그렇다고 너무 복잡하게 생각할 필요는 없다. 내가 원하는 라이프스타일과 지금 감당할 수 있는 월 납입료만 생각해도 크게 실패하지 않는다. 처음부터 완벽한 상품들에 가입하려고 하지 않아도 괜찮다. 몇 년에 한 번씩 점검을 하며 불필요한 건 빼고 필요한 건 추가해도 된다. 나중에 수입이 늘어 생활에 여유가 생기면 또 다른 상품을 고려하는 것도 방법이다. 그러니 지금 가진 상품들이

빈약해도 너무 실망할 필요는 없다.

그러나 보험과 연금 가입이 끝났다고 안심하기엔 이르다. 장기 상품을 몇 년 동안 유지하다 보면 '권태기'가 찾아오기 때문이다. 장기 저축은 그래도 돈을 찾는 시기를 가늠이라도 할 수 있지, 보험과 연금은 그저 막연하기만 하다. 몇 년 동안 유지한 장기 상품은 어느새 나름의 목돈이 되어 있는데, '차라리 환급받을 수 있는 돈을 챙길까?' 하는 마음이 슬그머니 들기도 한다.

이때 선택을 잘해야 한다. 괜히 장기 상품이 지겹다는 이유로 해약을 하고 싶은 것인지, 아니면 정말 불필요하다고 느껴졌기 때문인지를 명확히 알아야 한다. 단순히 권태기라면 나중에 분명 후회하게 된다. 몇 년이라는 기간을 다시 공들여야 하기 때문이다.

나에게는 퇴사를 하던 2013년에 가입한 연금이 하나 있다. 만 45세가 되면 연금을 받을 수 있게 설계해 두었는데도 5년이 지난 얼마 전 권태기가 찾아왔다. 실제로 보험사에 전화해 해약하면 받게 될 돈과 유지하면 받게 될 돈에 대한 설명을 듣기도 했는데, 결국엔 권태기를 극복하는 쪽을 선택했다. 어차피 나에게 연금은 필요할 테니까. 더 나이가 들었을 때 꼬박꼬박 받을 수 있는 돈을 만나 보고 싶으니까.

현재의 내 돈을 지키기 위해 가입하는 게 보험과 연금이다. 어쨌거나 돈 관리의 핵심은 노후 대비로 귀결되지 않는가. 미래의 나를 조금이라도 더 보호하기 위한 수단으로 보험과 연금을 빼놓고 말할 수는 없을 것이다. 보다 현명하게 두 상품을 설계하고 싶다면 완성형을 욕심내지 말고 권태기를 극복하는 노력을 해야 함을 꼭 기억하자.

WORK TO DO!

- 내가 가진 보험 상품을 모두 적어 보자. 그리고 어떤 보장 내용을 담고 있는지 파악해 보자.

- 가지고 있는 연금 상품이 있는가? 있다면 언제부터, 얼마를, 얼마 동안 받는지 정확한 내용을 파악해 보자. 만약 없다면 어떤 조건으로 설계하고 싶은지 필요한 내용을 하나씩 적어 보자.

수입 늘리기_ 가성비 따지듯 능력비를 따져라

"이 돈을 모은다고 정말 돈이 모이기는 할까?"

쓰기에도 모자란 돈을 아끼고 모아 봤자 정말 집을 살 수는 있는지 의심이 들 때가 있다. 정말 열심히 일하는 것 같은데 노력에 비해 수입이 많은 것도 아니고, 적은 수입을 아무리 아껴 쓴다 해도 돈을 모으는 데는 한계가 있기 때문이다.

이럴 때 많은 사람들이 돈을 탓한다. 통장이 텅텅 비었다고 '텅장'이라고 부르거나, 월급이 통장을 스쳐 지나간다고 자조하기도 하며, 자신이 버는 돈의 가치를 폄하한다. 내 수입이 쥐꼬리만큼 적다는 건 알겠는데, 그렇다고 그 돈이 무슨 잘못이 있어서 그런 식의 대우를 받아야 하는 걸까. 그 돈을 번 사람은 바로 나다. 정확한 잘잘못을 따지자면 적은 수입의 문제가 아니라 그 돈을 만든 나를 탓해야 하는 게 아닐까.

나는 기본적으로 절약과 저축을 좋아하지만 언제나 무조건 돈을 아껴 쓰라고 말하고 싶진 않다. 세상엔 불필요한 소비를 줄여 저축을 조금 더 할 수 있는 사람도 있지만 최소한의 생활비만 쓰는 데도 저축할 돈이 거의 없는 사람도 있기 때문이다. 이때 우리가 취해야 할 행동은 적은 돈을 탓하기만 하는 의미 없는 원망에서 벗어나 어떻게 하면 조금이라도 더 많은 수입을 만들 수 있을까를 고민하는 것이다. 경제적인 어려움은 내가 벌어들이는 돈만 바라볼 때 자주 나타난다. 내가 번 돈 안에서만 어떻게든 해결을 하려 하니 상황이 나아지지 않는 것이다. 돈을 벌고 있는 나에 대한 고민이 보다 근본적인 해결책이 될 수 있다.

스타 강사 김미경 씨도 이와 비슷한 경험을 강연으로 전한 적이 있다. 대학교 등록금을 벌기 위해 그녀가 한 첫 아르바이트는 햄버거 패티를 굽는 일이었다고 한다. 그녀는 6개월 동안 열심히 고기를 구웠는데도 돈이 모이지 않는 게 이상했는데, 어느 날 갑자기 '내가 왜 이걸 하고 있지?' 하는 의문이 들었단다. 그래서 더 많은 돈을 벌 수 있는 방법을 고민했다고 한다. 그건 바로 자신이 가진 능력과 그 능력을 이용해 돈을 버는 것이었다.

그녀는 전공인 피아노 실력을 살려 피아노 학원에서 아이들을 가르치며 수입을 늘렸다. 나중에는 학원에서 독립해 직접 학생을 모집하면서 급기야 한 달 수입으로 승용차 한 대 값을 벌었다고 했다. 적은 돈을 탓하는 대신 돈을 더 벌 수 있는 방법을 고민한 결과였다.

생각해 보면 나도 이와 비슷한 경험을 했다. 오래전 일이다. 나의 첫 아르바이트 자리는 꽃집이었다. 솔직히 꽃집이라고 말하기도 민망한 일일 판매 아르바이트였다. 우연히 꽃집 앞을 지나다 아르바이트생 모집 글을 보고 들어갔더니 다음 날 새벽 5시에 꽃집 근처에 있는 한 고등학교 정문 앞으로 나오라고 했다. 때는 2월, 졸업 시즌이었다. 누가 봐도 학교 졸업식에서 꽃다발을 파는 아르바이트였는데, 나는 왜 그걸 예쁜 꽃집에서 일하는 것이라고 착각했을까 싶다. 일단 약속을 지키기 위해 시간에 맞춰 학교 앞으로 갔더니, 아니나 다를까 꽃집 사장님은 돗자리를 깔고 수십 개의 꽃다발을 쏟아 내더니 다 팔고 오라면서, 시급은 2,000원이라는 말만 남기고 급히 떠나 버렸다.

나는 아르바이트도, 물건을 파는 일도 처음이라 적잖이 당황했다. 사장님이 떠난 후 한동안 아무것도 하지 못했다. 그러다 도저히 혼자서는 못 할 것 같아 친한 친구에게 연락을 했고 한걸음에 달려와 준 친구는 어수룩한 나를 대신해 꽃다발을 야무지게 팔아 주었다. 총 3시간을 일해 6,000원을 받았고 그 돈을 고맙다는 말도 모자란 친구와 나눠 가졌다. 너무 미안한 마음에 고개를 들 수가 없었다.

지금의 나였다면 그런 말도 안 되는 조건으로 내 소중한 시간과 노동력을 결코 낭비하지 않았을 것이다. 친구를 그 고생스러운 곳으로 부르는 일은 더더욱 하지 않았을 것이다. 직접 꽃다발을 만들어 팔았으면 모를까, 고작 6,000원을 받자고 그 추운 겨울 새벽에 꽁꽁 언 손과 발을 동동 구르진 않았을 것이다. 오히려 그 시간에 더 많은 돈을 벌 수 있는 일, 내가 가진 능력으로 남들보다 더 잘할 수 있는 일을 고민하며 수입을 늘렸을 것이다.

그때의 경험이 공부가 되었던 것인지, 그날 이후로 나는 사람을 뽑는다는 모집 공고에 나를 억지로 끼워 맞춰서 고민하지 않는다. 내가 할 수 있는 일을 먼저 생각해 본 후, 그에 맞는 일자리를 찾아보는 방식으로 태도를 바꾸었다. 생각의 순서만 바꿨을 뿐인데도 상당히 다른 결과가 나타났다.

우선 고등학교와 대학교 교내 방송국 아나운서로 활동한 내 경력을 살려 말을 잘하는 사람을 필요로 하는 일자리를 찾아보았다. 그래서 방학을 이용해 텔레마케터 일도 해 보고, 동네 보습학원에서 아이들을 가르쳐 보기도 했다. 당연히 시급 2,000원짜리 꽃다발 판매 아르바이트보다 수입도 훨씬 많았다. 내 능력으로 할 수 있었던 대학 시절 최고의 아르바이트는 첫 적금을 들게 만들었던 동대문에 위치한 한 대형 쇼핑몰의 방송실 업무였다. 매장에 신나는 음악을 틀어 주고 안내 방송을 하며 세후 월 121만 원의 급여를 받았다. 시급 2,000원짜리 아르바이트였다면 상상도 할 수 없는 금액이었다.

적은 수입을 탓하며 계속 가난한 상태를 유지하는 대신, 내가 가진 능력과 일자리를 연결해 수입을 늘리는 고민을 하는 건 정말 중요한 문제다. 이 고민이 수입을 늘려 삶을 더욱 윤택하게 만드는 데 큰 도움을 주기 때문이다.

실점을 막는 방어 vs 점수를 내는 공격

돈 관리는 크게 두 가지 측면에서 생각해 볼 수 있어야 한다. 바로 '방어'와 '공격'이다.

최우선으로 고려해야 할 방법은 돈 관리의 기본 중 기본인 '절약과 저축'이다. 꼭 필요한 게 아님에도 계속 사게 되는 이런저런 물건들, 나도 모르게 휩쓸려서 지갑을 열게 되는 충동구매, 스트레스를 풀겠다고 기분 전환으로 쓰는 비용 등을 줄이면 적어도 지금보다 더 많은 돈을 모을 수 있을 것이다.

그러나 절약과 저축에는 분명 한계가 있다. 아끼고 줄이는 소비는 어느 수준 이하로는 떨어지지 않기 때문이다. 먹고 입는 등의 생활에 돈을 전혀 안 쓸 수는 없다. 꼭 필요한 곳에만 최소한의 돈을 쓴다 해도 벌어들이는 수입의 총량보다 더 많은 돈을 저축할 수는 없다. 기존의 틀 안에서만 이뤄지는 돈 관리는 실점을 막을 수는 있어도 점수를 내기는 어렵다. 반드시 필요한 노력이기는 하지만 결정적인 승부를 내기는 힘든 방어라고 생각하면 된다.

보다 적극적인 돈 관리를 통해 내 집 마련을 조금이라도 더 앞당기고 싶다면 점수를 내는 것, 즉 '공격'을 생각해 볼 필요가 있다. 바로 기존의 소득보다 더 많은 수입을 만드는 것이다. 갑자기 돈을 더 번다는 게 말처럼 쉬운 일도 아니고 하루 종일 회사에 얽매여 있다 보면 좀처럼 시간도, 아이디어도, 여력도 생기지 않는 게 현실이다. 그러나 이러한 상황에서도 수입에 변화를 만드는 사람들은 분명 있다.

방어와 공격이라는 두 가지 전략을 돈 관리 습관으로 끌어들일 수 있다면 내 집 마련이 더 이상 막연한 꿈이 아닌 현실적인 목표로 다가오게 될 것이다. 실제로 내가 이 방법들을 직접 삶에 적용해 보며 내린 결론은 크게 두 가지다.

> 첫째, 방어력은 '간절함'에서 나온다.
>
> 둘째, 공격력은 '일자리 변화'에서 나온다.

간절함은 이미 앞에서 이야기한 그대로다. 여기에 더해 과감하게 일자리 변화를 시도할 수 있었던 이유는, 추가 수입에 대한 진지한 고민 덕분이었다. 많은 사람들이 돈을 불리기 위해 주식이나 부동산 등의 투자를 생각하지만, 내가 마음 편히 머물 공간을 마련하지도 못한 상태에서 다소 공격적인 투자에 나선다는 게 나에게는 더욱 비현실적으로 다가왔다. 내 눈에는 리스크가 큰 투자는 일종의 투기처럼 보이기도 했다. 예전의 아르바이트 경험에서도 배웠듯이 '내가 무슨 일을 어떻게 해야 수입이 더 늘어날까'를 고민하는 게 더욱 현실적인 방법이라는 생각이 들었다. 그렇게 상당한 시간을 들여 일자리에 대해 고민한 결과 회사 밖의 기회를 선택하는 게 더 좋겠다는 답을 얻을 수 있었다.

지금 당장 생각해 볼 수 있는 건 '재능 공유'다. 인터넷 검색창에 '재능 공유'만 쳐 봐도 다양한 사이트가 나온다. 내가 가지고 있는 재능이 있다면 이 사이트에 강좌 등록을 한 후 강좌를 운영하는 것도 하나의 방법이 될 수 있다. 실제로 이들 사이트에서는 마케팅, 드로잉, 필라테스, 콘텐츠 제작, 동영상 편집, 컨설팅, 코딩, 외국어, 플라워 레슨 등 다양한 강좌가 운영 중이다. 게다가 재능 공유 사이트의 종류도 점점 늘고 있는 추세다. 이러한 재능 공유를 통해 적게는 몇만 원에서 많게는 수백만 원의 월수입을 올리는 사람도 있다.

이러한 강좌 운영으로 추가 수입을 늘리는 것보다 주된 일자리의 변화를 도모하며 전체적인 몸값을 올리고 싶은 경우도 있을 수 있다. 이러한 일자리 변화에 관한 내용은 지금 내가 벌고 있는 '현재의 돈'보다 앞으로 내가 벌 수 있는 '미래의 돈'에 더 가까워 보인다. 그래서 이에 대한 구체적인 내용은 제2부 '미래의 돈'에서 이야기하려 한다. 일단 여기서는 내 돈에 불만을 갖지 않는 습관만 기억하면 좋겠다.

WORK TO DO!

° 현재의 돈을 관리하는 나의 간절함 지수를 숫자로 표현한다면 어느 정도의 점수를 줄 수 있을까?(10점 만점 기준)

° 미래의 일자리 변화에 대한 나의 실행력은 몇 점 정도로 평가할 수 있을까?(10점 만점 기준)

관리_ 끝까지 저축을 완성하는 힘

"정말 싫다고 말하고 싶었어요. 그 말이 목구멍까지 올라왔어요. 하지만 내 인사권을 쥐고 있는 사람이잖아요. 괜히 그런 말을 했다가 찍히기라도 하면 어떻게 해요. 저는 월급이 필요하고, 계속 회사를 다녀야 하는데……."

직장 생활의 고단함을 담은 다큐멘터리를 보았다. 그리고 그 속에서 모자이크로 처리된 여성 직장인들의 인터뷰를 접할 수 있었다. 잠시라도 조직 구성원으로 살아 봤다면 비효율적인 업무 처리, 부당한 처우, 부조리하고 비합리적인 조직 시스템 등을 경험해 본 적이 있을 것이다. 그럴 때마다 단호하게 "싫다."고 말하고 싶지만 그 말은 쉽게 나오지 않는다. 누구도 그런 말을 함부로 하지 않는 데다, 실질적인 변화를 가져올 수 있는 게 아니라면 나만 다치기 십상이다. 월급도 정말 절실히 필요하다. 조직 내에서는 아무런 문제없이 지내야 월급을 받을 수 있다.

나도 충분히 공감하는 상황이자 겪어 본 일이다. 어느 날 직장 상사의 장모님이 돌아가셨다. 그분은 다소 높은 직급이었고, 우리 부서의 부장님이 각별히 모시던 상사이기도 했다. 아니나 다를까 부장은 우리 팀 전부를 데리고 장례식장으로 향했다. 거기까지는 얼마든지 이해할 수 있었다. 우리 부서가 아니더라도 직장 상사의 경조사에 참석하는 건 충분히 할 수 있는 일이다.

하지만 나는 그곳에서 조문이 아닌 '주방 일'을 해야 했다. 부장님이 우리 부서 전 직원에게 아무도 집에 가지 말고 일을 하라고 지시했기 때문이다. 남자 직원들은 수시로 드나드는 사람들의 신발을 정리하고 조의금 봉투를 받았다. 여자 직원들은 끊임없이 밀려드는 손님들을 위해 음식을 날랐다. 정말 기가 찼던 건 그 손님들이 바로 나와 같이 일하는 직장 사람들이라는 것이었다. 나는 내가 왜 그곳에서 발에 불이 나도록 음식을 날라야 하는지 도무지 이해할 수 없었다. 같이 일하던 선배들은 그 상황을 이해조차 하지 않으려 했다. 말 그대로 그냥 했다. 다른 부서 사람들은 우리의 행동을 두고 상사에게 잘 보이려 애를 쓴다고 쑥덕거렸다. 그날 나는 쉽게 잠을 이루지 못했다. 다음 날 부장님에게 부당한 업무 지시였다고 말하고 싶었지만 그 말은 끝내 나오지 않았다. 나는 계속 월급을 받고 싶었다.

나는 어릴 때부터 문제 제기를 잘하는 편이었다. 학원에서 수학 선생님이 실수로 칠판에 숫자를 잘못 쓴 채 문제 풀이를 하면 그걸 지적하는 학생이 바로 나였다. 선생님이 나쁘다고 말하는 게 아니지 않은가. 누구나 실수를 할 수 있다. 아무도 그 실수를 바로잡으려고 하지 않는 게 내 입장에서는 더 이상하게 느껴졌다.

학교를 졸업하고 학생이 아닌 신분이 되자 그 성격이 나를 참 많이 힘들게 했다. 나는 서로 다른 네 곳의 회사에서 약 12년 동안 월급을 받으며 다양한 경험을 했다. 좋은 추억도 많지만 속상하고 괴로운 순간도 더러 있었다. 그때마다 내가 내린 결론은 저축을 열심히 해서 꼭 내 집을 사야 한다는 것이었다.

"선배님, 이건 이렇게 하는 게 더 낫지 않아요?" 늘 이뤄지던 업무 방식이 비효율적으로 느껴져 의견을 제시하면 분위기가 나빠졌다. "네가 의사 결정권자가 되면 그때 고치든가!" 하는 냉정한 대답을 들어야 할 때가 많았다. 나는 누군가를 지적한 게 아니라 단순히 아이디어를 제안했을 뿐이었다. 열 번 말하고 싶은 걸 꾹 참고 두세 번 정도 표현하면 "그런 이야기는 늘 너만 하더라." 식의 반응이 돌아왔다. 평범하고 조용한 조직 구성원으로 자리매김하는 게 어려웠다.

이뿐만이 아니었다. 조직 내에서는 하고 싶은 일만 할 수가 없다.

하고 싶은 일을 하나 하기 위해서는 하기 싫은 일을 더 많이 해야 했다. 그 과정에서 일도 많이 배웠지만 옳지 않은 일을 한다고 느낄 때도 있었다. 다시 한 번 말하지만 그럴 때마다 나는 정말 열심히 돈을 모아 내 집을 사겠다고 다짐하고 또 다짐했다.

원인과 결과가 어울리지 않는다고 생각하는가. 아니다. 이런 상황에서 나를 지켜 주는 존재가 바로 '내 집'이 될 수 있다. 여러 불합리한 상황에서 "싫다"라고 말하지 못하는 이유에는 성격이나 조직 분위기, 부족한 사회 경험 등이 있을 수 있지만 내가 생각하는 가장 큰 이유는 바로 '월급'이다. 돈이 필요하기 때문에 부당한 일에도 제 목소리를 내기가 어려운 것이다. 화를 내고 변화를 시도하려는 사람이 조직에서 내쳐지는 걸 많이 보아 온 탓이다.

이럴 때 내 집이 있으면 어떨까? 당장 월급이 없으면 생활이 되지 않는 그런 상황이 아니라 온전한 내 소유의 집이 있다면 "그깟 월급 필요 없어!"라고 말할 수 있지 않을까 하고 생각했다. 내 집이 있다면 월급에 목을 매지 않아도 된다. 아르바이트를 하며 최소한의 생활비만 벌어도 되고, 제1장에서 이야기한 것처럼 셰어하우스를 운영하거나 월세를 받으며 훌쩍 여행을 떠날 수도 있다. 나이가 들어서는 주택연금도 받을 수 있다. 이 얼마나 든든한 존재란 말인가.

길고 긴 저축이 당연히 힘들었지만 이런 생각만 하면 어떻게든 끝까지 완수하고 싶어졌다. 그렇게 나는 1억 원을 모아 내 집을 마련했고, 그 결과 직장 상사의 장모님 장례식장에서 음식을 나르던 예전의 내 모습을 지울 수 있었다. 하고 싶은 말을 억지로 참고 불합리한 처우에 또 참는 선택을 하지 않을 수 있었다. 언제든 회사를 그만두고 싶을 때 그만두어도 되는 상황이 되자, 지난날 '내 집'이라는 목표를 설정했던 내 선택이 옳았음을 확인할 수 있었다. 자가 주택 소유자가 된 이후의 나는 예전보다 훨씬 더 당당해졌다. 적어도 월급 때문에 하고 싶은 이야기도 못 하고 무조건 참기만 했던 일을 그만할 수 있게 되었기 때문이다.

홈 스위트 홈은 나를 당당하게 만들어 준다

실제로 나는 회사를 떠나 1년 동안 세계 여행을 다녀왔다. 언제라도 다시 돌아올 수 있는 내 집 덕분에 더 수월하게 용기를 낼 수 있었다고 생각한다. 여행 경비도 마련했고 여행에서 돌아와 한동안 쓸 생활비까지 준비가 끝난 시점이었다. 월급에 더 이상 목을 매지 않아도 되는 현실은 생각보다 근사했다.

장기 여행을 마친 나는 더 이상 조직 안에서 일하지 않는다. 프리랜서 형태로 다양한 일을 하며 돈을 번다. 프리랜서로 일할 때도 여전히 부당한 일과 불합리한 상황이 종종 맞닥뜨린다. 이럴 때 당장 돈이 꼭 필요한 프리랜서들은 그냥 참는 경우가 많다. 매달 정기적으로 월급을 받는 직장인들보다 더 취약한 수입 구조 때문이다.

하지만 나는 마냥 참지만은 않는다. 궁금하면 물어보고 이상해도 물어본다. 상대방이 제시한 조건이 말도 안 될 정도로 형편없으면 무시하기도 하고 내가 원하는 조건을 다시 제안하기도 한다. 일을 시작했는데 생각과 다른 방향으로 흘러가거나 내가 정말 하기 싫은 상황이 되면 먼저 그만두겠다고 말하기도 한다.

이 상황이 가능한 건 바로 홈 스위트 홈인 내 집이 있는 덕분이라고 생각한다. 나 역시 당장의 일거리가 끊기면 안 되는 상황이라면 하고 싶은 말을 제대로 못 할 것 같다. 하지만 그런 상황을 만들고 싶지 않아 내 집이라는 실질적이고도 명확한 목표를 설정했고, 실제로 그 목표를 이루고 나자 고단한 현실의 무게가 한결 줄어든 기분이 들었다.

그런데 더욱 놀라운 현상은 따로 있다. 내 의견을 제대로 이야기할 수 있게 되자 내가 원하는 쪽으로 일이 흘러가는 경우가 생각보다 많다는 것이다. 신기하게도 내가 원하는 조건이 받아들여질 때도 많아지고, 하기 싫은 일을 하나씩 제거하자 일의 성과도 향상되어 결과적으로 몸값도 높아졌다.

내가 싫다고 말하자 비로소 상대가 그걸 인지하기 시작했다. 내가 말하기 전까지 그걸 알아채는 사람은 생각보다 많지 않다. 아니, 거의 없다고 봐야 한다. 내가 싫어하는 게 무엇인지를 상대방이 알게 되면 같은 실수를 하지 않기 위해 노력한다. 내가 나를 위하면 다른 사람도 나를 함부로 대하지 않는 것과 비슷하다. 내가 나를 지켜 주고 싶다면 싫어도 좋은 척이 아니라 싫으면 싫다고 말할 수 있어야 한다.

나는 그게 쉽지 않아 눈에 보이는 든든한 울타리인 내 집을 갖기로 한 것이었다. 내게는 그게 바로 '저축을 끝까지 완주하는 힘'이었다. 스트레스를 받을 때마다 소비로 풀어 버린다면 그리고 그 소비가 습관이 된다면, 속상한 일을 겪으며 참는 과정이 무한 반복될 것 같았다. 그보다는 실질적으로 남는 뭔가를 사고 싶었다. 돈을 버는 일이 힘들수록 절약과 저축에 더욱 열정을 쏟았다. 지금은 그 효과를 엄청나게 체감하고 있는 중이다.

평소의 소비 패턴을 깨고 상당한 기간 동안 돈을 모으며 집을 사는 과정은 생각보다 지루하고 고단할 수 있다. 하지만 그 과정 내내 내가 왜 이러한 목표를 세웠는지를 잊지 않으려 한다면 결코 그 목표가 멀게만 느껴지지는 않을 것이다. 세상 그 무엇보다 소중한 나를 스스로 당당하게 지켜 주고 싶다면 기꺼이 목적지까지 무사히 도착할 수 있을 것이다.

WORK TO DO!

◦ 그동안 내가 참아 왔던 말 중에 가장 하고 싶은 말은 무엇인가?

◦ 내 집을 갖게 된 후 같은 상황을 겪게 된다면 그때는 무슨 말을 하겠는가?

싱글, **미래의 돈 그릇**을 키워라!

나 혼자서도 여유롭게 살기 위한 커리어 구축 프로젝트

내가 생각하는 진정한 노후 준비는 다름 아닌 '일'이다. 많은 사람들이 건물주가 되어 일하지 않아도 매월 고정 수입이 있으면 좋겠다고 말하지만 현실적으로 내가 건물주가 될 확률이 얼마나 될까? 나는 냉정하게 미래를 생각해 보기로 했다.

오로지 건물을 사기 위해 현재의 삶을 포기한 채 무조건 돈만 모으는 것이 과연 가능할까? 생각해 보니 두 가지 면에서 불가능하다는 결론이 나왔다. 첫째, 오로지 노후 준비를 위해 현재의 즐거움과 행복을 포기한 채 돈만 모으며 살 수는 없다. 둘째, 그렇게 돈을 모은다 하더라도 건물을 살 수 있을 정도로 모을 수도 없다. 이 불가능한 미션을 막연한 소망처럼 가슴에 품고 평생을 사는 건 그리 현명한 선택이 아닌 것 같다.

게다가 수명이 길어진 요즘 같은 시대에 아무것도 하지 않는 삶이 과연 행복할까 싶다. 나는 할 수 있는 한 오래도록 내 능력을 인정받으며 일하고 돈도 버는 사회 구성원으로 살고 싶다. 월세를 받는 건물주가 될 수 없는 현실에서 오래할 수 있는 내 일을 갖고 싶다면, 결론은 하나였다. 바로 건물주가 꼬박꼬박 월세 수입을 받는 것처럼 안정적으로 오래 일할 수 있는 환경을 만드는 것 그리고 그 일을 통해 꾸준한 수입을 만드는 것이다. 이러한 생각은 나뿐만 아니라 많은 사람들이 원하는 미래이지 않을까.

그런 점에서 나는 미래의 돈을 '일'을 통해 생각해 볼 수 있어야 한다고 말하고 싶다. 내가 이런 생각을 조금 일찍 하게 된 건 아나운서였던 내 직업적 특성 때문이기도 하다. 나이가 들수록 경쟁력이 떨어진다는 느낌이 자꾸 들었다. 일을 오래 하면 할수록 경험과 노하우가 쌓이고 이러한 것들이 경력으로 인정받아야 하는데, 실상은 그렇지 못하다는 기분이 들었다.

이런 내 생각이 무조건 옳다고 우길 마음은 없다. 이건 사람에 따라, 방송국 환경에 따라 다르기에 일반화시키기는 힘든 면이 있다. 다만 내가 보기에 자기 콘텐츠가 있는 게스트는 방송을 오래 할 수 있어도, 전달자 입장인 진행자는 생명이 그리 길지 않은 것 같았다. 회사에 속한 사람이면서도, 그렇게 원하던 방송 일을 하면서도 같은 입장에 놓인 사람들끼리 나누는 대화의 끝은 "앞으로 뭐 해 먹고 살지?"였다.

이런 고민은 비단 나만 하는 것이 아니었다. 승무원인 친구도, 이름만 대면 누구나 알 만한 회사에 다니는 친구도, 결혼을 한 친구도, 결혼을 하지 않은 친구도, 나보다 사회생활 경험이 많은 선배도 앞으로의 돈벌이를 걱정했다.

"나는 회사만 다녀 봤지 회사 그만두면 할 줄 아는 게 아무것도 없어."

"맞아. 마트에서 일하려고 해도 나 같은 체력으로는 쫓겨나기 딱 좋아."

"이래서 기술이 있어야 하는 건데!"

웃고 떠드는 수다에도 미래에 대한 걱정이 뚝뚝 묻어났다. 이러한 걱정은 결국 먹고사는 문제, 즉 '돈' 이야기로 귀결된다. 건물주가 되어 떵떵거리고 살겠다는 게 아니다. 그저 큰 요행 같은 건 바라지도 않고, 내가 일을 하며 돈을 벌 수 있다면 좋겠다는 이야기를 하는 것이다. 이 고민을 조금이라도 덜 부담스러운 상태에서 하기 위한 현실적인 해결책으로 나는 제1장에서 '내 집 마련'에 관한 이야기를 했다. 내 거처가 있다면 벌어야 할 돈의 액수에 어느 정도 숨통이 트이기 때문이다. 현재의 돈을 관리해 나만의 공간을 마련했다면 이제부터는 미래의 나를 위한 돈을 생각해 볼 차례다. 생각해 보면 이 두 가지가 모든 재테크의 시작이자 끝이라고 할 수 있다. 그래서 이제부터는 미래의 수입을 보장해 줄 '일'에 관한 이야기를 해 보려 한다. 특히 싱글에게 일과 수입은 정말 중요한 문제다. 여러 사람과 교류할 수 있는 사회와의 가장 확실한 연결 고리이자 스스로를 책임져야 하는 생계의 최전선이기 때문이다.

내가 봤던 어느 경제 뉴스에 달린 댓글 중에 이런 말이 있었다.

"이번 생 최대 목표: 내 한 몸 건사하기."

그 뉴스가 무슨 내용이었는지는 기억나지 않아도 이 댓글만큼은 아직도 강렬하게 기억에 남아 있다. 나만 이 글에 공감한 것은 아니었는지, 이 댓글을 추천한 클릭 수가 엄청나게 많았다. 그 정도로 많은 사람들이 내 한 몸 건사하는 일을 어렵게 느낀다는 증명일 것이다. 지금 돈을 벌고 있어도 불안한 마음, 언제까지 지금처럼 계속 돈을 벌 수 있을지 모르겠다는 막연함 등이 우리의 생존 자체를 위협하는 것 같다. 특히 일자리의 불안감이 크다는 이야기일 것이다.

하지만 다른 각도에서 이 댓글과 이 댓글을 추천한 사람들의 마음을 살펴보자면 긍정적인 측면도 있다. 그건 바로 '경제적 독립'을 이미 무의식중에 받아들인 상태라는 것이다. 내 한 몸을 건사하는 주체는 나 자신이다. 그걸 이번 생 최대 목표로 삼았다는 것은 내가 나를 책임져야 하는 상황을 충분히 인식한 발언이라고 볼 수 있다. 즉, 대부분의 사람들이 스스로를 먹여 살리기 위해 부단히 애를 쓰고 있는 것이다. 그래도 이 긍정적인 상태를 보다 효과적으로 발전시키기 위해서는 표현을 조금 바꿀 필요가 있어 보인다. 내 한 몸 건사한다는 말은 "풍요로운 생활을 하게끔 해 주겠다."는 의미보다 "그저 굶지만 않으면 다행이다." 정도의 의미에 더 가깝게 느껴지기 때문이다.

《나쁜 습관 정리법》에는 '말의 힘'에 관한 내용이 나온다. 저자는 부정적인 말을 버리라고 이야기하는데, 부정적인 말은 우리의 생각을 멈추게 만들기 때문이란다. 이 책에 따르면 부정적인 의미의 말이 머릿속에 떠오르는 순간 우리의 뇌는 깊이 생각하기를 멈춘다고 한다. 해결 가능성이 있는 과제를 시작도 하기 전에 포기하는 것은 물론 애초에 해결책을 찾으려는 노력도 하지 않게 된다고 한다. 결국 부정적인 말을 내뱉는 일은 자신의 가능성을 스스로 꺾어 버리는 무시무시한 행위라고 저자는 이야기한다. 가난하고 힘들게 살고 싶은 사람은 아무도 없다. 누구나 여유롭고 풍요롭게 많은 것을 누리면서 살고 싶어 한다. 그런데 왜 그와 반대되는 말만 하려고 하는가.

내가 나를 책임지는 상황을 받아들인 것까지는 좋다. 그러나 그 상황을 마지못해 어쩔 수 없이 수행해야 하는 부정적인 과제로 받아들이지 말고 이왕이면 지금보다 더 잘사는 모습으로 그려 보는 게 낫지 않을까. 내가 미래에 벌 수 있는 돈의 한계를 벌써부터 설정할 필요는 없다. 게다가 무슨 일로 어떻게 돈을 벌 것인지도 다양한 가능성의 문을 열어 둔 채 생각하면 좋겠다.

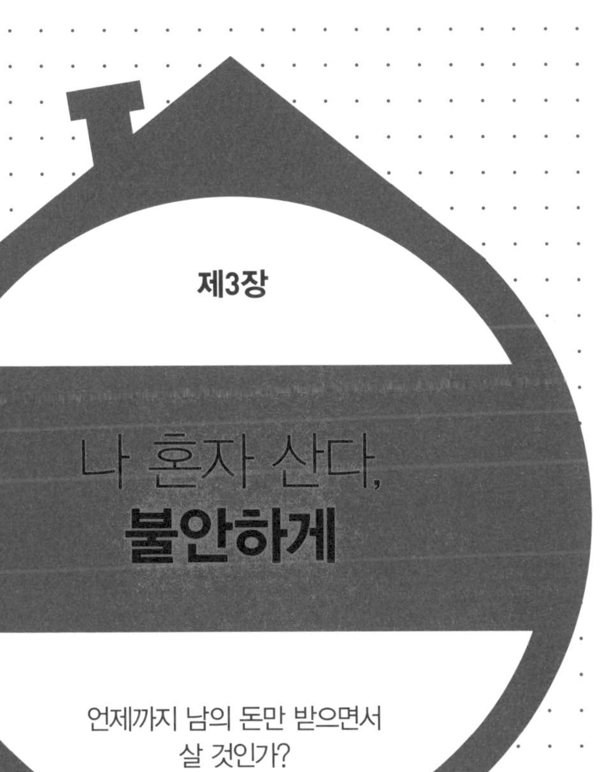

제3장

나 혼자 산다, **불안하게**

언제까지 남의 돈만 받으면서
살 것인가?

돈을 벌고 있어도
불안한 마음은 왜일까?

"은길 씨! 은길 씨는 그렇게 자신이 없어?"

내가 다니던 회사가 어느 날 갑자기 다른 회사에 팔렸다. 우리 회사가 다른 회사로 넘어간다는 소식이 퍼질 때부터 회사 사람들은 한동안 업무에 집중하지 못했다. 지금이야 회사가 회사를 사는 상황이 많이 익숙해진 시대가 되었지만 입사한 지 겨우 1년밖에 되지 않았던 내가 느낀 회사의 인수합병이라는 변화는 상당히 심각한 것이었다. 사람들은 삼삼오오 모여 앞으로 자신이 속한 부서나 업무가 어떻게 바뀌게 될지, 지금 하던 일을 계속해도 되는 건지 불안한 마음을 자주 나누곤 했다.

계절은 장미가 만발하고 햇살이 따사로운 봄이었다. 주말에 무엇을 할까 계획을 짜기에도 모자란 시간에 나는 불확실한 앞날에 대한 걱정을 떨칠 수가 없었다. 회사 사람들과 점심을 먹고 사무실로 들어가는 길에 나누는 대화의 주제 역시 흉흉한 회사 분위기에 관한 내용들뿐이었다. 나도 모르게 별일 없었으면 좋겠다는 말을 했는데 갑자기 한 선배가 나에게 퉁명스러운 말투로 그렇게 자신이 없냐고 쏘아붙였다.

특별히 그 선배의 대답을 바라고 한 말은 아니었다. 나보다 회사에서 오래 일한 선배에게 "괜찮을 거야." 같은 말을 듣고 싶은 마음은 있었다. 그런데 전혀 예상하지 못한 반응이 돌아온 것이다. "뭐, 별일이야 있겠어?"처럼 흔한 대화가 될 거라고 생각했는데 "스스로에게 그렇게 자신이 없느냐."는 말은 한 번도 생각해 보지 못했다.

사회 초년생이었던 나는 이때부터 유난히 일자리의 안정성에 의문을 갖게 되었다. 회사에서 나를 더 이상 필요로 하지 않는 상황, 이제 그만 나가 주길 바라는 상황에 대한 상상을 꽤나 구체적으로 하기 시작했던 것 같다.

나는 도대체 왜 불안한 것일까? 단순히 회사의 주인이 바뀌어서? 다른 선배들도 불안해하니까? 새로운 회사에서 온 사람이 나를 불필요한 인력으로 평가한 후 내쫓을까 봐? 새로운 사람들과 같이 일할 때마다 주눅 들고 눈치 보는 상황에 빠져들까 봐?

사실 그때의 회사 분위기는 누가 봐도 뒤숭숭했다. 내가 모시던 부장님은 조금이라도 우리 부서의 실적을 높이 평가받기 위해 평소보다 더 많이 일했으며 조직 구성원들에게도 이전보다 더 많은 실적을 요구했다. 나 역시 예외가 아니었다. 내 업무가 아닌 일까지 떠맡으며 부서 실적에 조금이라도 기여하기 위해 부단히 애를 썼다.

나는 아주 자연스럽게 약자의 생각과 행동을 하게 되었다. 나는 평가를 받는 사람이라고 생각했을 뿐만 아니라 그 어떤 평가를 받더라도 평가 결과에 꼼짝없이 수긍해야만 하는 줄 알았다. 이 얼마나 스스로에게 자신 없는 사람의 태도란 말인가. 그렇게 자신이 없느냐는 선배의 말은 나의 잘못된 생각을 객관적으로 판단하게 해 주는 계기가 되었다.

이 말을 한 선배의 이름은 이제 기억도 잘 나지 않는다. 그만큼 오래전의 일이다. 그러나 그날의 기억만큼은 너무 강렬해서 퇴근하자마자 썼던 일기장의 내용까지 생생하다. 일기에는 내가 스스로를 약자로 만들고 행동했던 충격이 고스란히 적혀 있다.

나는 일기를 쓰며 나의 잘못된 생각과 행동을 바꿔 보기로 했다. 스스로에게 자신 없는 사람이 되지 않기로 결심한 후, 내가 바라는 상황, 내가 원하는 것들을 주도적이고 적극적으로 찾아 나서기 시작했다. 회사의 일방적인 처분만 바라지 않기로 했다. 나 역시 회사의 상황이 마음에 들지 않으면 언제든 떠날 수 있다는 생각으로 마음을 고쳐먹었다.

그러자 신기하게도 막연한 불안감이 서서히 사라지기 시작했다. 회사의 상황에 따라 내 모든 것이 결정되지 않도록 하는 것, 내가 결정한 것을 회사에 먼저 알릴 수도 있다는 것, 회사가 나를 평가하듯 나도 회사를 평가할 수 있다는 것 등 지극히 당연한 생각도 할 수 있게 되었다. 면접을 보는 취업 준비생도 면접관을 평가하고 판단하는 요즘 시대에 나는 어쩜 그리 순진하게도 내 모든 것을 회사에 내맡기려고 했던 걸까 싶다. 이때가 내 인생 최초로 회사에서 받는 월급 이외의 새로운 수입이나 일자리를 생각하게 된 시기였다.

그렇게 마음을 바꿔 먹은 뒤로 나는 회사와의 관계를 다시 생각할 수 있었다. 내가 원하는 게 무엇인지도 확실히 알게 되었다. 나는 열심히 일하며 돈을 벌면서도 불안에 떨고 싶지 않았던 것이다. 그래서 새로운 회사가 하게 될 어떤 결정이나 갑자기 이뤄질 조직 개편 등을 나와 상관없는 일로 만들고 싶었다. 결론은 그 상황에서 빠져나오는 것이었다. 그길로 이직을 결심했다. 나는 한동안 퇴근 후 열심히 이직 준비를 한 끝에 다른 직장으로 옮길 수 있었다.

내가 주도적으로 만든 변화는 만족 그 자체였다. 회사의 처분을 기다리다 얻은 변화가 아니라 내가 먼저 나서서 직접 만든 변화였기 때문이다. 게다가 이직에 성공하자 한동안 내 발목을 잡고 있던 '내가 나에게 자신이 없다'는 두려움도 극복할 수 있게 되었다. 나는 회사에게 영원한 약자가 아니라는 생각 하나로도 일에 집중하기가 훨씬 수월해졌다.

그뿐만이 아니었다. 회사나 월급이 전부가 아닐 수도 있음을 떠올린 후부터 나는 내가 무엇을 원하는지 보다 자유롭게 생각할 수 있었다. 열심히 일하며 돈을 벌면서도, 내가 원하는 변화가 있다면 실행으로 옮기는 것이 내가 생각하는 이상적인 회사 생활이었다.

회사라는 울타리 안에 들어갔다고 인생까지 안정기에 접어드는 시대가 아니다. 대부분의 회사들이 위기이기 때문이다. 요즘 기업들은 경기가 어려울 때마다 위기론을 펼친다. 이 위기를 슬기롭게 극복해야 회사가 살아남는다는 것이다. 위기를 극복하기 위해 사원들은 이면지를 활용하고 머그컵을 사용하고 부서 회식비도 줄인다. 하지만 회사의 실적이 좋을 때도 위기론이 퍼진다. 지금이 진짜 위기라면서, 다음에도 이 실적을 이어 가지 못하면 회사가 더 큰 위험에 빠진다고 목소리를 높인다. 이렇게 회사가 사시사철 위기인데 어떻게 직장인이 안정적일 수 있을까. 그렇기 때문에 열심히 회사에 다니면서도, 돈을 벌고 있으면서도 불안한 마음이 드는 것이다. 회사의 위기와 나의 상황을 분리해서 생각하기 어렵기 때문이다. 특히나 회사 밖에서 돈을 버는 걸 구체적으로 생각해 본 적이 없다면 막막한 느낌이 불안한 마음으로 연결되기도 더욱 쉽다.

직장에 안착했다고 생각하는 순간 위험해진다

"은퇴하지 않는 것이 최고의 은퇴 전략이다."라는 말이 있다. 여기에서 말하는 은퇴란 직장을 다니며 맞는 정년퇴직을 의미하지 않는다. 회사에서 떠밀리듯 나오는 것이 아닌 회사 밖에서 일하며 나 스스로 은퇴 시기를 결정하는 것을 말한다.

우리는 더 이상 회사에서 정년퇴직을 안정적으로 맞이할 수 없다는 걸 알고 있다. 그건 나도 알고, 내 옆자리의 동료도 알고, 내 뒷자리에 앉은 상사도 알고 있다. 회사를 벗어나 새로운 일자리를 개척하고 돈을 버는 환경을 만드는 시기를 최대한 늦추고 싶다고 생각할 뿐이다.

하지만 그런 생각만으로는 마음속 불안감을 쉽게 잠재울 수 없다. 회사가 나를 필요로 하지 않을 때는 이미 다른 곳에서도 나를 원하지 않을 확률이 크기 때문이다. 그런 점에서 우리는 회사에 다닐 때부터 앞으로 나에게 돈을 벌게 해 줄 수 있는 미래의 일자리를 생각해 볼 수 있어야 한다.

우선은 지금 몸담고 있는 회사와의 관계부터 동등하게 바라볼 필요가 있다. 그래야 더 자신감 있게 다른 일자리로 도전하려는 생각을 할 수 있기 때문이다. 당장 회사를 그만두라는 것이 아니라 회사에 의지하지 않으려는 태도부터 갖춰야 한다는 것이다. 한 직장에만 너무 오래 머물러 있다 보면 다른 회사로 옮기는 일이 대단히 큰일처럼 느껴지기도 한다. 그런 생각이 들지 않도록 가장 견디기 힘들 때 최소 한 번은 이직을 해 보길 권하고 싶다.

특히 싱글 직장인이라면 더 과감한 도전을 해 봐도 괜찮다. 내 마음속 진짜 목소리에만 집중할 수 있는 최적의 상태가 아니던가. 근무하는 나라를 바꿔 본다거나 거주지를 다른 동네로 옮기며 일자리를 바꿔 보는 것도 나쁘지 않다. 중요한 것은 변화 자체가 아니라 변화하고 싶은 마음을 가진 채로 아무것도 하지 않는 것이다. 나 역시 결혼 전에 이미 세 번의 이직을 경험했다. 나만 생각했기에 결정을 수월하게 내릴 수 있었다.

언젠가 회사 선배 중 누군가가 퇴사를 앞둔 나에게 이런 말을 한 적이 있었다.

"네가 어디 가서 이렇게 좋은 직장에 또 다닐 수 있겠니?"

나를 뽑아 준 회사에 고마운 마음이 드는 건 당연하지만, 나는 여기가 아니면 돈을 못 번다는 생각을 단 한 번도 해 본 적이 없다. 이미 여러 번의 이직 경험이 있었고 그 덕분에 안전한 회사에 안착했다는 느낌을 가져 본 적도 없다. 나는 대체로 회사로부터 독립적인 태도를 취하고 있었다. 나에게 조언을 해 준 선배는 나와 달리 이직 경험이 단 한 번도 없었다. 그래서 우리 사이에 회사를 바라보는 시각 차이가 있었을 것이다.

"너 아니어도 괜찮아!"라는 말은 헤어진 옛 애인에게만 적용되는 것이 아니다. 평생 회사를 다닐 수 없는 시대에는 회사를 상대로도 얼마든지 이렇게 말할 수 있어야 한다. 직원 하나 그만둔다고 회사가 눈 하나 꿈쩍하지 않듯이, 나 역시 지금 몸담은 회사가 아니어도 괜찮을 수 있어야 한다. 그래야 미래의 일자리를 생각할 수 있고, 새로운 수입을 구체화할 수 있다. 그 과정에서 갖춰야 할 가장 중요한 자산은 '자신감'이다. 원하는 바를 달성할 수 있다는 자신감, 꼭 여기가 아니어도 돈을 벌 수 있다는 자신감, 퇴사가 곧 인생의 실패는 아니라는 자신감이 필요하다. 이직 경험은 그 자신감을 만드는 데 어느 정도 도움이 된다. 내가 주도적으로 판단하고 결정하기 때문이다.

WORK TO DO!

- 이직을 하게 된다면, 이직하고 싶은 회사는 어디인가?

- 실제로 이직을 행동으로 옮기려면 지금부터 어떤 준비를 해야 하는가?

회사를 졸업할 수 있는 나를 만들어라

"저는 남들보다 취업이 늦었어요. 그래서 회사에 들어간 뒤에는 정말 즐겁게 열심히 일했어요. 회사와 나를 같은 존재라고 생각하면서 진짜 열심히 일만 했어요. 그렇게 딱 7년을 보냈더니 평생 이렇게는 못 살겠다는 생각이 들더라고요. 한마디로 번아웃된 거죠. 이제는 회사도 싫고 열심히 일하는 것도 싫어요. 근데 회사 밖에서는 어떻게 돈을 버는지 모르니까 계속 다니고는 있어요."

어느 싱글 여성 직장인이 푸념하듯 건넨 말이다. 그녀가 다니는 회사는 누구나 들어가고 싶어 하는 아주 유명한 곳이다. 갓 입사했던 그녀에게도 그런 곳이었으리라. 취업까지 늦었는데 회사를 다니던 초반이 얼마나 신나고 즐거웠을까. 하지만 대부분의 회사가 그렇듯 회사 일이, 그 안에서 겪게 되는 일이 모두 마음에 들고 기대한 대로 흘러가지는 않는다. 그녀 역시 그러한 것들을 느꼈기에 회사 밖에서 답을 찾고 싶어 하는 것 같았다.

그녀는 회사 밖에 위험이 있다고 생각해 아직 그 안에 머물고 있다고 말했지만 사실 위험 요소는 회사 안에도 얼마든지 존재한다. 오히려 회사 밖에서 생존할 수 있는 방법을 빨리 찾으면 찾을수록 삶의 안전성이 높아진다. 회사에 다니는 동안 회사 밖 생존법을 터득하기란 결코 쉽지 않다. 회사 업무만으로도 삶의 균형을 잡기가 힘든데, 미래를 위한 막연한 준비까지 어떻게 착착 하겠는가.

한 번 들어가면 정년까지 절대 나오지 않는다는 아사히 신문사를 스스로 나온 이나가키 에미코의 《퇴사하겠습니다》에는 이런 말이 나온다.

> 회사는 나를 만들어 가는 곳이지, 내가 의존해야 하는 곳이 아닙니다. 다만 '언젠가 회사를 졸업할 수 있는 자기를 만들 것'. 그것만큼은 정말 중요한 게 아닐까요?

이에 대해 소설가 백영옥은 칼럼에서 이런 말을 했다.

주위에 퇴사를 꿈꾸는 사람들이 많다. 퇴사가 '해고'가 아닌 '졸업'이 되려면 우리는 무엇을 준비해야 할까. 언제나 입사보다 퇴사가 더 힘들다. 들어갈 땐 '함께'였지만 나올 땐 철저히 '혼자'가 되기 때문이다.

이나가키 에미코는 회사를 졸업하기 위해 꼬박 10년을 준비했다. 마흔 살에 결심을 하고 쉰 살에 회사를 나왔다. 그 10년간 회사에 속하면서도 자기 자신으로 살고자 했다. 그렇게 회사와 스스로를 분리하고 퇴사 이후의 삶을 계획했나고 한다.

회사를 졸업하는 것이, 철저히 혼자가 되는 것이 바로 내가 생각하는 진정한 '미래의 돈'이다. 미래의 돈은 '회사'와 '월급' 같은 단어와 따로 떨어뜨려 놓고 생각해야 한다. 자의든 타의든 회사를 벗어나게 되는 미래에는 어느 회사에 다닌다는 말로 나를 설명할 수 없고, 내가 회사 자체가 될 수 없다. 그것이 지금부터 회사와 나를 떨어뜨린 채 생각할 수 있어야 하는 이유다.

성실하게 열심히 일하는 것으로 정년을 보장받을 수 없는 시대가 되었다. 운 좋게 회사에서 정년퇴직을 한다 하더라도 은퇴 이후의 삶이 너무 길다. 다시 일자리를 찾아 돈을 벌어야 하는 것이다. 이런저런 이유로 계속 머뭇거리다가는 내가 벌게 될 미래의 돈과 점점 멀어지게 될 것이다. 지금보다 더 안정적이고 풍요로운 삶을 일구기 위해서는 회사에 의지한 채 돈을 버는 시스템에서 벗어나 스스로를 먹여 살릴 수 있는 나만의 새로운 일자리를 진지하게 생각해 보아야 한다. 더군다나 싱글로 살기로 결심했다면 나의 생계를 그 누구와도 함께 나눌 수 없다. 예측 가능한 미래의 불안을 결코 지금 당장 간과할 수 없는 이유다.

《직업의 종말》이란 책을 봐도 우리가 다니는 회사가 더 이상 안전하지 않다는 증명이 가득하다. 이 책을 쓴 테일러 피어슨은 매일 새로운 시장이 창출되고 비즈니스의 한계가 없어지는 요즘 같은 시기에는 대학을 졸업해 평범한 직장인이 되는 시대는 끝났다고 말한다. 근대 교육 체계는 보통의 평범한 노동자를 양성한다는 전제를 바탕으로 확립되었는데, 이제는 그런 지침에 따라 교육을 받는 게 가치 없는 일이 되어 버렸다는 것이다. 회사는 비용 절감을 위해서라면 언제든 직원을 교체할 수 있다. 그게 꼭 사람이 아닐 수도 있다. 짧은 시간에 더 많은 생산을 할 수 있는 기계로 얼마든지 내 자리가 사라질 수 있다. 그렇다면 우리도 미래의 돈을 지금과는 다르게 벌 수 있어야 한다고 구체적으로 생각을 해야 하지 않을까. 그리고 회사와 거리를 두는 연습이 필요하지 않을까.

그런 의미에서 우리가 해야 할 미래 준비는 '퇴사'가 아닌 '졸업'이 맞다. 졸업 이후에는 그간 배운 것들을 적용해 가며 실전을 겪게 된다. 그 실전은 생각보다 버라이어티하다. 하고 싶은 일을 하며 자유롭게 돈을 벌고자 하는 사람에게 세상은 처음부터 칭찬과 격려를 쏟아 내지 않는다. 오히려 "이래도 계속 앞으로 나갈 거야?", "이래도 그만두지 않을 거야?"라는 메시지를 다양한 실패와 시련을 통해 보내곤 한다. 그렇기에 회사가 지금 당장은 안전한 울타리처럼 느껴지는 것이다.

스스로 회사를 나온 사람에게는 퇴사가 엄청 홀가분하게 느껴질 것 같지만 실제로는 정반대다. 자고 싶을 때 자고 배고플 때 먹고 놀고 싶을 때 놀면 되는데도 마음이 계속 불안하고 찜찜하다. 도대체 무슨 일을 어떻게 해야 할지 모르기 때문이다. 늘 해야 할 일에 쫓겨 살다가 아무것도 나를 쫓지 않게 되면 나의 쓸모를 증명하기가 어려워진다. 매달 들어오던 월급마저 끊긴 상태에서 계속 생활비를 쓰게 되면 초조한 마음까지 더해져 냉정하고 올바른 판단이 잘 안 된다. 급기야는 회사 생활이 그리워지기까지 한다. 그야말로 마음속으로 남들 눈에는 보이지 않는 전쟁을 치르며 사는 시기가 온다.

나 역시 마찬가지였다. 퇴사를 하고 1년 동안 세계 여행을 할 때까지는 괜찮았다. 적어도 그때는 여행이라는 '할 일'이 있었으니까. 그러나 여행이 끝나면 그때부터 현실이 닥쳐온다. 심지어 약 2년 정도의 보릿고개도 겪었다. 회사 월급 이외의 수입을 만들어 본 적이 거의 없었으니 보릿고개는 당연한 일이었다.

이제는 그 시기를 겪고 뒤돌아보니 내가 꼭 해야 할 일을 무사히 치렀다는 생각이 든다. 회사 밖에서 돈을 버는 것에 대해서는 회사 안에 있을 때에도 생각해 봤던 문제였다. 하지만 그땐 막연히 추측만 하는 정도였고 퇴사 후 겪은 현실은 혹독한 트레이닝이었다. 회사 밖으로 나온 뒤에는 생존을 위해 뭐라도 해야 한다. 나에게 주어진 일은 없지만 그래도 할 일을 찾아서 해야 한다. 그래야 돈이 만들어지기 때문이다. 그런데 놀랍게도 그 과정에서 나의 경쟁력이 쌓이기 시작한다. 내가 나를 벼랑 끝으로 내밀어 봐야 머리가 돌아가고 발걸음이 움직여지는 것이다.

회사가 정년 때까지 나를 품어 준다는 보장은 없다. 설사 그렇다 하더라도 퇴직 후 살아야 하는 기간이 30년 이상이다. 어떻게든 새로운 일자리에 대한 고민을 하긴 해야 하는 것이다. 아무런 준비나 대책도 없이 무의미한 고민만 하다 끝나면 '미래의 돈'을 만나기가 어렵다.

나도 회사를 졸업하기까지 10년이 넘는 시간이 걸렸다. 순수하게 월급을 받은 기간만 따지자면 12년 정도였다. 회사 안에 있으면 보호를 받는다는 느낌이 들고, 어딘가에 소속되어 있는 느낌이 나쁜 것도 아니었다. 게다가 나는 어릴 때부터 하고 싶었던 아나운서로 일하며 돈을 버는 꿈을 이뤘다.

하지만 참 아이러니하게도 마음 한구석에 이 안정이 평생 가는 것은 아니라는 불안감이 늘 자리하고 있었다. 장기적 관점에서의 고용 불안을 끌어안은 상태에서 꼬박꼬박 급여가 나오는 단기적 안정감이 묘하게 섞여 있던 시절이었다. 나는 《직업의 종말》에서 말하는 현실을 남들보다 크게 받아들이고 있었다. 어차피 평생 고용이 어려운 세상에서 갑자기 월급이 끊기는 현실을 언젠가는 겪어야 한다면 나 스스로 그 시기를 정하고 싶었다. 그렇게 일찌감치 퇴사를 실행하고 새로운 일로 돈을 버는 미래의 일자리를 찾기 시작했다. 정년 보장이 불투명하다는 장기적 불안이 월급이라는 단기적 안정감을 이긴 셈이었다.

회사와 거리를 두는 시기는 언제가 되어야 할까?

나는 처음부터 회사라는 곳을 안전지대라고 생각하지 않았다. 예전에 다니던 방송국이 다른 회사로 넘어가는 경험을 한 탓도 있고, 아나운서가 평생 직업이 되지는 못할 거라고도 생각했다. 하고 싶은 일을 직업으로 삼은 지난 10년은 정말 행복했다. 하지만 그럼에도 앞으로 일할 수많은 날들을 생각하면 그 행복이 오래가지 않을 거라는 확신이 들었다. 내가 지금 하고 있는 일로 평생 돈을 버는 게 힘들다면 새로운 일을 찾는 것도 의미가 있을 것 같았다. 그런 점에서 회사와 월급을 대신할 새로운 일자리를 생각한다는 게 안전한 울타리를 벗어나는 것처럼 느껴지지는 않았다. 오히려 새로운 안전지대를 찾아 나선다는 게 더 정확한 설명일 것 같다.

실제로 회사를 안전지대로 생각할 수 없는 일들이 자꾸 일어나고 있다. 이름만 들으면 알 만한 외국계 회사가 우리나라에서 철수하는 바람에 그 직원들이 부랴부랴 새 일자리를 구하는 이야기는 이제 그리 어렵지 않게 접할 수 있다. 나의 남편이 다녔던 대기업은 우리가 세계 여행을 마치고 돌아온 이후 계속 언론에 오르내리며 위태로운 상태임을 알렸다. 심지어 회사 주가도 반 토막이 났다. 이 글을 쓰는 지금은 더 떨어졌다.

미래의 생계가 진심으로 걱정된다면, 나의 생계를 오직 내가 책임지기로 결심했다면, 회사가 안전한 울타리인지를 확인할 시간에 월급이 끊기고 난 이후의 수입을 생각해 보는 게 훨씬 더 현명한 선택일 것 같다. 어차피 평생 회사를 다닐 수 없다면 나에게 맞는 새로운 일자리가 무엇인지를 고민하는 게 더 현실적일 것이다.

무엇보다 싱글이 선택하는 미래의 일자리와 수입은 유리한 측면이 있다. 다른 가족 구성원과의 조율 없이 혼자서 주도적으로 결정할 수 있다는 점, 그래서 빠른 선택이 가능해 초기 시장 진입이 수월하다는 점, 자기 시간을 온전히 운영함으로써 자아 탐색에 보다 많은 에너지를 쏟을 수 있다는 점 등이 그렇다. 그러니 이 장점을 절대 잊지 말고 막연한 두려움 때문에 이러지도 저러지도 못하는 시간을 너무 오래 보내지 말자.

내가 이르다면 이른 나이인 30대 초중반에 퇴사를 한 건 잃을 게 별로 없을 때라 가능했다. 최대한 오랫동안 회사에 다니다 독립을 하게 되면 잃을 게 많아져 소심한 도전밖에 할 수 없을 것 같았다. 월급을 착실하게 모은다 하더라도 그 돈으로는 노년의 인생을 100퍼센트 책임질 수 있는 목돈이 되지도 않을뿐더러, 지금보다 더 나이를 먹으면 작은 실패에도 큰 상처를 입을 것 같았다.

이와 반대로 조금 이른 시기에 새로운 도전을 하게 되면 월급을 모을 수 있는 기간은 짧아도 잃을 게 많지 않아 더 다양한 일에 마음껏 뛰어들 수 있을 것 같았다. 이런저런 도전들은 나의 경쟁력을 키우는 데 큰 도움이 될 것 같았고, 무엇보다 비교적 젊은 나이라 여러 번 실패해도 다시 도전할 수 있어 유리하다고 생각했다. 또한 여러 도전 중 어느 하나라도 성과를 낸다면 내가 바라던 안정적이고 지속적인 수입에 대한 고민도 어느 정도 해결할 수 있을 것 같았다.

물론 무엇이 정답인지는 아무도 모른다. 이런 문제에 정답이 존재하는 건 아니다. 그렇기에 어떤 선택도 다 존중받을 수 있다고 생각한다. 아무것도 하지 않은 채 입으로만 걱정하는 선택은 예외다.

앞길이 불투명하고 경제적으로도 여유롭지 않은 건 누구나 마찬가지다. 회사에 속한 사람이라고 크게 다르지 않다. 그러니 미래의 돈을 만들 수 있는 고민도 함께해 봐야 갑작스러운 변화나 새로운 시도 앞에서 한순간에 무너지지 않을 수 있다. 미래의 일자리를 하루라도 빨리 생각할수록 더욱 유리하다는 뜻이다.

WORK TO DO!

◦ 나는 언제 회사를 졸업하고 싶은가?

◦ 회사를 졸업한다면 무슨 일을 할 수 있을까? 생각나는 대로 적어 보자.

직장인의 삶 vs 1인 기업가의 삶

"이제 다시 사업은 안 하세요?"

"네. 사업을 해 보니까 저랑 안 맞더라고요. 저는 회사에서 월급 받는 게 더 나은 것 같아요. 최대한 오래 회사에 다니는 게 제 목표에요."

직장인이었다가 퇴사 후 한동안 자기 사업을 했던 지인이 있다. 하지만 그는 얼마 지나지 않아 재취업을 했다. 처음 사업에 관한 이야기를 했을 때 그가 내뿜었던 빛을 기억했던 나로서는 그가 회사로 돌아가는 선택을 한 이유가 무척 궁금했다.

그는 비교적 사업을 크게 시작했다. 집을 담보로 대출을 받아 공간을 빌리고 직원을 뽑았다. 매출이 발생하지 않은 상태에서 초기

준비만으로 목돈이 쑥 나갔다. 하지만 생각보다 매출 지표는 올라가지 않았고 시간이 지날수록 그는 점점 초조해졌다. 사업을 유지하기 위해서는 투자자를 찾아 나서거나 플랜 B를 만들어야 했지만, 자신도 모르게 구직 사이트에서 일자리를 검색하는 걸 보며 사업이 잘 맞지 않다는 걸 깨달았다고 한다.

나는 그의 선택을 존중한다. 회사냐 사업이냐를 두고 어느 쪽의 근로 형태가 나와 더 잘 맞는지를 확실히 깨달을 수 있다면 둘 다 경험해 보는 것도 충분히 가치 있는 일이라고 생각한다. 다시 회사로 돌아갔다고 해서 사업에 실패했다고도 생각하지 않는다. 그 시간을 통해 일터의 소중함과 내가 해 왔던 일이 얼마나 가치 있는 것이었는지를 새롭게 깨달을 수도 있다. 같은 장소에서 같은 일을 하더라도 마음가짐이 달라졌다면 그 또한 의미가 있다. 회사와 선을 그어 본 경험이 있는 상태에서 일을 한다면 나름의 성과라고 부를 만하다. 회사에 오래 다니겠다는 목표도 괜찮다. 다만 회사에 오래 다닌다고 해서 퇴사 이후의 삶이 안정적일 수는 없다. 어쨌거나 길어진 수명에 따라 내가 오래 일할 수 있는 일자리는 회사 밖에서도 찾을 수 있어야 하는 시대적 변화를 놓치지 말아야 한다.

퓰리처상을 받은 〈뉴욕 타임스〉의 칼럼니스트로 《늦어서 고마워》를 쓴 토머스 프리드먼은 회사에서 하루 8시간 일하는 평범한 일자리의 시대는 지나갔다고 말한다. 그러면서 이제 변화하는 시대에 어떻게 적응하느냐가 중요한 문제가 되었다고 덧붙였다. 정보 통신 회사인 시스코는 이미 지난 2015년에 10년 뒤 미국 근로자의 34퍼센트가 프리랜서로 일하게 될 것이라는 예측을 내놓기도 했다. 실제로 지금 미국에서는 이러한 변화가 점점 가속화되고 있다.

나 역시 세계 여행에서 돌아와 새롭게 일자리를 찾아야 했을 때 직장인과 프리랜서 사이에서 적잖은 고민을 했다. 12년 동안 꾸준히 받던 월급이 사라지자 나에게 무엇이 더 잘 맞는지 냉정한 판단을 하는 게 어려웠지만 결국 나의 선택은 시대적 흐름에 따른 '독립'이었다. 나는 내가 스스로 돈을 벌기 시작해야 미래의 돈을 더 빨리 만날 수 있다고 생각했다. 어쨌거나 나는 나를 먹여 살리는 사람이고, 이를 위해 더 나은 선택을 해야 했다. 내 인생 처음으로 월급을 버린 결정이었다.

하지만 이 결정이 프리랜서 생활 초반부터 꽃길을 선사한 건 아니었다. 말이 좋아 프리랜서지 백수와 다름없었다. 회사로부터 독립해 미래의 돈을 벌어 보겠다는 결심만으로 갑자기 일이 들어오진 않는다. 늘 주어진 일만 하다가 갑자기 일을 만들어서 하려니 많은 것들이 어색하고 이상했다. 늦게 일어나 아침 겸 점심을 먹고 인터넷 서핑을 하거나 TV를 조금 보다 보면 저녁이 되는 경험을 할 때마다 마음이 좋지 않았다. 이렇게 게으르게 살려고 프리랜서를 선택한 게 아니었는데, 내가 보낸 하루 일과를 되돌아보면 한심한 백수처럼 느껴질 때가 많았다.

생각해 보면 회사를 떠나 한동안 방황을 하는 건 지극히 당연한 일이다. 일상의 패턴이 달라졌는데 어떻게 모든 것이 완벽하고 평화로울 수 있을까. 그 어떤 통제도 존재하지 않은 상태에서는 내가 새로운 패턴을 하나하나 만들어야 하는데, 그걸 직접 만들어 본 적이 없기 때문에 모든 것이 낯설다. 학교생활이나 직장 생활 같은 정해진 스케줄에 따라 움직이는 생활만 해오지 않았던가. 갑자기 그 정도의 계획을 세운다는 게 처음부터 무리인 셈이다.

뜻하는 바가 있어 회사를 떠난 많은 이들은 이 시기를 상당히 괴로워한다. 할 일이 없다는 건 그 누구도 나를 필요로 하지 않는다는 뜻이기도 하다. 일이 없다는 건 곧 수입도 없다는 말인데, 수입이 끊긴 상태에서 계속 생활비는 나가는 시간이 길어지면 초조함이 커진다. 회사에 다니며 어느 정도 사람 구실을 한다고 생각했는데 다시 무언가를 준비하는 단계로 이동을 해 버리니 이건 제자리가 아니라 오히려 뒤로 물러난 느낌이 들 정도다.

하지만 너무 힘들어하지는 말자. 회사로부터 독립해 미래의 돈을 스스로 벌겠다고 결심한 이들이라면 누구나 한 번쯤은 겪는 지극히 당연한 과정일 뿐이다. 엄밀히 말해 이 시기는 '숨을 고르는 시간'이다. 이 시기의 한가운데 있던 그 당시의 나는 숨을 고르는 중이라는 생각을 하지 못했는데, 이제 와서 생각해 보면 이때만큼 치열하게 미래의 나를 책임질 꾸준하고 만족스러운 밥벌이에 대한 고민을 한 적도 없는 것 같다.

인생에는 잠시 아무것도 하지 않고 고민만 하는 시기도 있어야 한다. 이제껏 눈코 뜰 새 없이 해야 할 일들을 해치우며 살던 게 익숙하다고 항상 그래야 하는 건 아니다. 해야 할 일이 없다는 게 당장은 힘들고 괴롭겠지만, 하고 싶은 일을 못한 채 해야 할 일만 하는 것도 고통스러운 일이다. 숨을 고르는 시간을 통해 나에게 더 많은 기회를 줄 수 있는 선택을 한다면 미래의 돈 역시 보다 유연한 모습으로 다가올 것이다.

나는 왜 조직으로 돌아가지 않았나?

❶ 내 시간으로 돈 벌기 vs 내 능력으로 돈 벌기

내가 프리랜서가 되어 미래의 돈을 벌기로 결심한 이유 중 하나는 '시간' 때문이었다. 그 어떤 업무도 주어지지 않고, 언제까지 무슨 일을 해야 한다는 시간표도 없는 그 막막한 불안감이 '나에게 집중할 수 있는 자유로운 시간'으로 느껴지기까지는 그리 오랜 시간이 걸리지 않았다.

내가 이제껏 나를 잘 알지 못했던 건 어쩌면 내 시간을 내 마음대로 쓰지 못한 환경 때문이 아닐까 싶었다. 나를 잘 알기 위해서는 어느 정도의 시간이 필요하다. 꼬리에 꼬리를 무는 깊은 생각도 해 봐야 하고, 이런저런 문화 생활도 즐겨 보고, 다양한 사람들을 만나 내가 생각해 보지 못했던 대화도 나눠 보고, 평소에 멀리했던 책도 읽어 보는 등의 시간이 필요하다. 싱글의 장점을 이럴 때 마음껏 발산해 보기를 바란다. 내 시간을 내 마음대로 쓸 수 있는 것! 이 상황은 싱글인 내가 나에게 줄 수 있는 최고의 복지라고 할 수 있다.

회사에 다닐 때는 이런 시간을 내기가 정말 어렵다. 지각하지 않고 출근하는 것만으로도 벅차고 주어진 업무를 제시간 안에 소화하기 위해 정시 퇴근이나 밥 먹는 시간을 자꾸 미루기도 한다. 퇴근한 후에도 못 다한 업무를 생각할 때가 많고 머리를 식히기 위해 TV를 보거나 게임을 하기도 한다. 당연히 나를 위해 고민할 시간을 내는 게 힘들다.

내 시간을 내 마음대로 쓰지 못하는 문제는 삶의 만족도와 직결되기도 한다. 미국에서 활발히 활동하는 프리랜서들의 이야기를 엮은 책 《허슬 경제학》에서 카피라이터인 케이시 바워스는 풀타임 근무와 거기에서 느끼는 성취감은 오래가지 못한다고 지적한 바 있다.

앞으로 정규직의 종말이 올 것이며 자기고용의 시대로 나아가야 한다고 말하는 책 《긱 이코노미》에도 '시간'에 관한 이야기가 나온다. "전형적인 직장인은 회사의 일정에 맞춰 자신의 시간을 판다."고

저자는 말한다. 그러면서 하루에 8시간 동안 (혹은 그 이상) 사무실에 붙어 있을 수 있는 의지력을 팔지 말고, 자신의 능력에 따라 시간을 사용함으로써 더 좋은 결과물을 얻으라고 한다. 자기 시간을 마음대로 쓸 수 있다면 일주일에 며칠만 일해도 된다고 말이다. 미래의 돈을 효율적으로 만들어 내기 위해서는 시간을 적극적으로 사용할 수 있는 능력이 정말 중요하다.

나에게도 내 시간을 내 의지대로 쓰는 것은 정말 중요한 삶의 가치였다. 그래서 꼬박꼬박 월급이 나오던 시절이 그리울지라도 마냥 뒤를 돌아본 채 멈춰 서지 않을 수 있었다. 더딘 속도일지라도 조금씩 앞으로 나아가겠다는 선택을 할 수 있었다. 그 결과 내가 하고 싶은 일을 찾는 과정이 더욱 능동적으로 이뤄졌다.

물론 정해진 시간에 규칙적으로 일하는 걸 더 선호하는 사람도 있다. 그러한 규칙을 직접 정해 일을 하는 게 가장 이상적이겠지만, 아직 준비가 덜 되었다 하더라도 너무 조급하게 생각하지 말았으면 한다. 핵심은 내 시간을 어떻게 쓰는 것이 나에게 더 맞는지를 생각해야 한다는 것이다. 갑자기 주어진 시간을 어떻게 보내야 할지 너무 막막하고 두려운 마음 때문에 직장 생활을 그리워할 필요는 없다.

❷ 내게 주어진 일 vs 내가 만드는 일

나는 내가 안정적인 걸 추구하는 스타일인 줄 알았다. 부침이 심한 방송국에서도 매달 같은 급여를 받는 직원 신분에 만족했기 때문이다. 다만 업무 스타일만큼은 나름 저돌적인 면이 있었다.

개편마다 변화를 주는 방송국은 다양한 일을 할 기회가 있다. 현장에서 중계방송도 했다가, 실내 스튜디오에서 진행도 했다가, 명절 특별 생방송도 했다가, 선거가 있을 때면 개표 방송도 했다가, 폭우나 폭설 등의 돌발 상황에서는 기상특보 방송도 했다. 물론 몇 년의 방송국 생활을 거치면 특별방송도 어느 정도 익숙해지지만 그래도 기본적으로 다양한 상황에서 유연하게 대처하는 능력이 필요하다.

나는 방송뿐만 아니라 다른 업무에도 다양한 변화를 적용해 보고 싶었다. 늘 평소와 같은 방식으로 수행하는 일도 효율성을 따졌을 때 바꿀 수 있으면 바꾸는 게 낫다고 생각했다. 케이블 방송국에서 일할 때는 난생처음 의상 협찬 시스템을 만들어 보기도 했고, 내 업무가 아닌 부분에도 의견을 내곤 했다. 그러나 나의 이런 시도가 늘 환영을 받기만 한 건 아니었다. 회사는 나 혼자 일하는 곳이 아니다. 기존의 시스템이 구축되기까지는 내가 모르는 이야기와 근거가 있을 텐데 효율성만 생각하며 의견을 내는 건 좋지 않을 수 있다. 다만 나는 조직 내에서 다양한 주제로 서로의 생각을 동등하게 나눌 수 있기를 바랐다.

나는 회사의 선후배 사이, 상사와 부하 직원의 사이를 보다 넓은 의미에서 함께 일하는 '동료'라고 생각했다. 그랬기 때문에 내 생각이

나 의견을 표현할 수 있었다. 이런 나의 성향이 조직의 구성원으로서는 그리 적합하지 않았을지 몰라도 회사를 벗어나자 오히려 강점이 된다는 걸 알게 되었다.

회사 명함이 사라진 후에는 협력하며 일하는 게 가능한 사람들을 만나게 된다. 말 그대로 코워킹이다. 서로의 생각을 편하게 나누고 이야기하다 갑자기 재미있는 아이디어가 떠오르면 그 자리에서 바로 다음 스텝을 밟을 수도 있는 그런 업무 스타일이 나에게 너무 잘 맞았다. 게다가 회사에 소속된 사람이 아닌 독립된 주체로 일을 하게 되면 그 누구의 허락을 받을 필요가 없다. 이 말은 곧 일의 속도가 엄청 빨라질 수 있다는 뜻이기도 하다. 회사를 다닐 때는 여러 단계로 짜인 업무 시스템이나 의사 결정 과정이 답답하게 느껴질 때가 종종 있었다. 회사를 벗어나 독립적으로 일을 해 보니 내 속도대로 일을 할 수 있다는 게 참 좋았다.

나는 남들이 만들어 놓은 가이드라인에 따라 일하는 데는 크게 흥미가 없다는 것도 새롭게 알게 되었다. 나는 누가 해도 상관없는 일보다 내가 제일 잘할 수 있는 일, 꼭 나여야 하는 일에 더 관심이 많은 사람이었다. 그렇기에 '일하는 스타일'이라는 기준을 놓고 따져 봐도 내가 조직으로 돌아가야 할 이유는 없었다. 오히려 새로운 일을 많이 만들고 새로운 사람들과 그 일들을 즉흥적으로 풀어 가는 재미를 찾는 게 더 좋을 것 같았다.

회사라는 커다란 시스템으로 돌아가는 업무 방식을 좋아하는지, 새롭게 만들고 부수고 다시 만드는 방식을 좋아하는지 진지하게 자신의 성향을 탐색해 보자. 이 기준에 따라 일자리의 형태를 고민한다면 보다 만족스러운 답을 얻을 수 있을 것이다.

❸ 월급 받기 vs 월급 이상 벌기

많은 사람이 그렇겠지만 회사 밖에서 무언가를 하려고 할 때 가장 크게 마음에 걸리는 부분은 다름 아닌 '돈'일 것이다. "내가 과연 회사 밖에서 월급만큼 벌 수 있을까?" 하는 질문에 선뜻 "그렇다."는 답이 안 나오기 때문이다. 이제는 회사 안에서도 꼬박꼬박 급여를 받는 게 쉽지 않다. 점점 수당도 깎이고 정년도 짧아진다. 회사 안에서의 상황도 여의치 않은데, 회사 밖은 오죽할까.

하지만 나는 조금 더 멀리 내다보고 싶었다. 현재의 내 모습 말고 미래의 내가 원하는 게 무엇일지를 떠올리자 다른 상황이 보이기 시작했다. 미래의 나는 지금의 월급에 계속 만족할 수 있을까? 지금 내가 벌고 있는 수입이 몇십 년 후에도 괜찮은 수준일까? 월급을 모아 부자가 되는 시대는 지났다고 봐야 한다. 아주 오래전에는 아빠 혼자 벌어도 그 월급으로 집도 사고 자녀들 공부도 시켰다지만, 요즘에는 부부가 맞벌이를 해도 애 하나 키우기가 쉽지 않다. 이는 싱글로 사는 직장인들도 생각해 봐야 할 문제다. 나이가 들수록 생활수준은 높아지고, 의료비도 충분히 마련되어야 한다. 또한 예전보다 더 좋은 걸 스스로에게 해 줄 수 있는 사람이 되고 싶지 않은가. 이미 제1부 '현재의 돈'에서 내 집으로 재정적 안정을 도모하면 된다는 이야기를 했지만 이게 끝은 아니다. 시간이 지날수록 돈을 벌 수 있는 기회와 수입은 줄어들 것이고, 늙어 가는 나에게 필요한 돈은 많아질 수밖에 없다. 지금의 수입만 생각해서는 행복하고 여유 있는 미래를 맞이하기가 쉽지 않다.

나는 미래의 내가 지금의 나보다 더 많은 돈을 벌길 원했다. 1년마다 조금씩 오르는 월급 말고 더 좋은 방법을 찾고 싶었다. 같은 시간을 들여도 수입을 높일 수 있는 일을 하고 싶었다. 하루 중 깨어 있는 시간의 대부분을 회사에서 보내다 보면 특별히 추가 수입을 올릴 수 있는 방법이 없다. 부동산 임대업은 비현실적이고, 퇴근 후의 시간을 활용하자니 체력이 달리고, 다른 일을 병행하자니 회사 일만으로도 이미 벅차다. 결국 회사를 떠나 내 시간을 더 효율적으로 쓰면서 다양한 일을 통해 돈을 벌어야 한다는 답이 나온다.

물론 회사 밖에서 월급만큼 벌기 위해서는 일정 시간의 보릿고개를 피할 수는 없다. 처음부터 원하는 정도의 돈을 벌기는 힘들다. 회사 밖에서의 나는 신입사원보다도 못한 인턴이기에 내 몸값을 0부터 다시 설정해야 한다. 이때 안정적 거주지인 내 집이 있다면 상황은 한결 낫다. 그래서 '현재의 돈'으로 공간부터 마련해 두면 좋다고

제1부에서 말한 것이다. 보릿고개를 무사히 넘긴다면 회사에서 받던 월급보다 수입이 느는 날이 오긴 온다. 실제로 나는 2년가량의 보릿고개를 보냈는데, 이 시기를 겪어야 한다는 걸 미리 예상하고 있었던 덕분에 심리적 압박을 크게 받지는 않았다. 거주지 마련이 끝난 상황도 한몫했다.

무사히 보릿고개를 넘고 보니 월급보다 돈을 더 벌 수 있다는 상상은 현실이 되었다. 독립해서 일한 지 3년째에 접어든 시기였다. 회사 밖 경제 활동을 걱정하는 사람들은 프리랜서의 수입에 막연한 두려움이 있는데, 실제로 경험을 해 보니 수입이 월급 한 가지인 경우가 더 위험하다는 걸 알게 되었다. 그 일자리를 잃으면 수입의 100퍼센트가 사라지는 것이 아닌가. 하지만 돈을 버는 일이 여러 가지인 프리랜서라면 한두 가지 일을 잃더라도 수입이 0퍼센트가 되는 일은 없다.

《긱 이코노미》에도 이러한 실제 사례가 나온다. 〈톱 셰프〉의 심사위원인 게일 시몬스는 책에서 "일을 다각화하면 안정성도 확보할 수 있다."고 말한다. 그녀는 회사를 나와 독립한 뒤 컨설턴트, 방송 진행, 책 출간, 강연, 회사 창업까지 다양한 일을 벌였다. 그녀는 말한다. "나는 친구들에 비해 상당히 안정적이다. 일을 다각화한 덕분이다. 나의 수입원은 매년 10~20개에 이른다. 덕분에 한 수입원이 불안정해도 걱정할 필요가 없다."

이와 비슷한 이야기를 하는 사람은 일본에도 있었다. 《3만 엔 비즈니스, 적게 일하고 더 행복하기》를 쓴 후지무라 야스유키는 300만 원의 월급 대신 30만 원짜리 일 10개를 하는 게 더 낫다고 말한다. 이 책의 원래 의도는 자기 시간 확보가 목적이다. 한 달 내내 출근해서 월급을 받는 것보다 적게 버는 일을 여러 개 함으로써 남는 시간에 하고 싶은 일을 하며 즐겁게 살라는 의미가 더 크다. 하지만 즐거운 인생을 살기 위해서는 기본적으로 돈이 필요하다. 그러니 그 돈을 보다 안정적으로 확보하는 데에는 내 시간을 자유롭게 쓰면서 여러 가지 수입원을 확보하는 것만큼 좋은 게 없다고 생각한다.

나는 회사에 다닐 때보다 더 쪼들리는 수입으로 불안해하며 독립적으로 일하고 싶지 않다. 나를 먹여 살리는 방법 중에서도 이왕이면 여유롭고 행복한 길을 선택하고 싶다. 다만 독립 후에 무슨 일을 여러 개 하면서 수입을 늘려야 할지 도무지 생각이 떠오르지 않을 수 있다. 앞서 사례로 언급한 게일 시몬스는 '음식'이라는 자신만의 콘텐츠가 있었기에 컨설팅도 해 주고 TV에도 출연하는 것인데, 누구나 그녀처럼 갑자기 책을 쓰고 강연을 하는 전문가가 될 수 있는 건 아니지 않은가. 그렇기에 우리에게는 근본적으로 나 자신을 알아 가는 탐색의 시간이 필요하다. 탐색을 하는 구체적인 방법은 마지막 제4장에서 말할 것이다.

WORK TO DO!

- 회사를 벗어나 독립적으로 일을 할 때 시간, 일하는 방식, 돈 외에도 중요하게 생각하는 나만의 조건이 있다면 적어 보자.

한 우물은 옛말, 다양한 수입 파이프 만들기

"저도 제가 이런 일로 돈을 벌게 될 줄은 몰랐어요. 회사를 그만두고 나니까 정말 예상하지 못한 일로도 돈을 벌게 되더라고요."

나와 함께 일했던 책 편집자가 오랜만에 만나 이런 이야기를 전했다. 그녀는 뜻한 바가 있어 회사로부터 독립해 다양한 일에 도전하고 있었는데 그녀가 말한 '이런 일'은 다름 아닌 심사위원이었다. 그녀는 회사 밖 세상에서 자신이 미처 생각하지 못한 활동을 하거나 제안을 받는 일이 무척 신기하다고 말했다.

미래의 돈을 회사 밖에서 오랫동안 지속적으로 벌겠다고 결심을 했다면 무슨 일로 수입을 만들 것인지를 찾아야 한다. 이때 많은 사람들이 회사에서 하던 자신의 업무만 생각하며 일자리를 찾는 경향이 있다.

예를 들어 출판사 편집자 출신 프리랜서라면 외주 편집 일로 돈을 벌 거라고 생각하고, 아나운서 출신 프리랜서라면 다른 방송국에서 방송을 하거나 아나운서 지망생을 가르칠 거라고 생각하는 식이다. 그러면서 자신이 회사에서 하던 일이 특색 있는 일이 아니라서 회사 밖에서 할 수 있는 일이 아무것도 없을 거라고 단정 짓곤 한다.

물론 완전히 틀린 말은 아니다. 실제로 자신이 하던 일을 그대로 이어서 하는 프리랜서들도 있다. 하지만 회사를 떠나 독립적으로 돈을 벌겠다고 마음을 먹었다면 조금은 다른 생각도 할 수 있어야 한다. 하던 일만 하기에는 경쟁력은커녕 생존하기에도 급급한 시대다. 어차피 수많은 직업들이 사라지고 생기기를 반복하고 있다. 예전에는 인기가 많았던 직업도 지금은 전망 있다고 말하기 어려워지기도 하고 예전에는 존재하지도 않았던 직업이 이제는 누구나 하고 싶어 하는 일이 되기도 한다. 그렇다면 내가 앞으로 할 수 있는 일을 이제껏 일해 왔던 범위 밖에서도 생각해 볼 수 있어야 하지 않을까.

어차피 한 가지 직업으로는 수입의 안정성도, 일자리의 지속성도 기대하기가 쉽지 않다. 다양한 기회와 프로젝트를 경험하고 이를 발판 삼아 새로운 일을 늘려 가는 게 미래의 돈을 버는 과정이라고 생각할 수 있어야 한다.

내가 미래의 돈을 생각하며 프리랜서를 선택한 본질은 '하고 싶은 일을 하며 돈 벌기'였다. 그것도 '다양한 일'을 통해서! 회사에서 하던 일도 내가 좋아하는 일이었지만 그 일을 더 오랫동안 하고 싶다는 마음이 나를 움직였다. 이를 위해서는 회사에서 시키는 일만 하는 게 아니라 내가 스스로 일을 만들 수 있는 능력이 있어야 한다고 생각했다. 다른 사람과는 다른 나만의 경쟁력이 필요했다. 그래서 다른 형태로 일을 해 보기로 결정한 것이다.

또한 나는 그 무엇보다 안정적인 수입을 원했다. 하고 싶은 일을 하면서도 안정적으로 돈을 벌 수 있다면 얼마나 좋을까. 아마 많은 직장인들의 꿈이 아닐까 싶다. 아무래도 쉽지 않은 일이기에 선불리 회사 밖을 나서는 데에 많은 고민이 뒤따르는 것이겠지만 나는 직접 그 방법을 찾아보고 싶었다. 대표적인 방법이 바로 '다양한 일자리'였다. 내가 하고 싶은 일은 비단 방송만이 아니었다. 방송 외에도 새롭게 하고 싶은 일들이 무엇인지 더 많이 찾아보며 여러 개의 일자리를 가질 수 있다면 안정적인 수입을 얻을 수 있을 거라고 생각했다. 한 사람이 여러 개의 직업을 갖는 게 조금도 이상하지 않은 시대가 아닌가. 다양한 일자리 역시 내가 하고 싶은 일들로 가득하길 바랄 뿐이었다.

이 문제를 해결하기 위해서는 회사에서 하던 일로만 독립을 한다는 게 얼마나 현실성이 떨어지는 이야기인지 금세 알 수 있다. 이제까지 해 왔던 단 한 가지 일만 해서는 하고 싶은 일을 하기도, 안정적인 수입을 기대하기도 어렵다. 독립된 상태로 일하는 것에는 일자리의 변주, 일자리의 다양성, 일자리의 수명 등을 전부 고려해 보아야 한다. 그렇기에 회사에서 하던 일로만 돈을 벌 수 있다는 생각은 과감하게 떨쳐 버리는 게 좋다.

실제로 회사 밖에서 만족스러우면서 다양한 일자리를 만든 사람들을 살펴보면 회사에서 하던 일과 다른 일을 선택한 이들이 적지 않다. 네이버 그라폴리오에서 '닿음' 시리즈를 연재하여 많은 팬을 보유한 집시 작가는 원래 회사원이었다고 한다. 내가 진행했던 '세계여행 후 먹고 사는 법' 수업에 찾아온 그녀는 회사에서 하던 일 대신 그림을 선택한 자신의 결정이 얼마나 만족스러운지 편안한 표정으로 설명해 주기도 했다. 지금 그녀는 밀려드는 외주와 넘쳐 나는 여러 제안들에 행복한 비명을 지르고 있는 중이다.

평범한 직장인에서 웹툰 작가가 된 경우도 있다. 내 블로그 이웃이기도 한 은보리 작가다. 그녀는 회사에 다니는 동안에도 틈틈이 웹툰에 도전했는데, 하고 싶은 일에 꾸준히 마음을 쏟은 결과 회사를 떠나는 것이 답임을 알게 되었다고 한다. 아무것도 결정된 것이 없는 상태에서 퇴사를 한 후 웹툰 도전을 이어 가던 그녀는 결국 〈평일의 나〉를 정식 연재하는 작가가 되었다. 나는 그 웹툰을 보며 그녀가 회사원이었음을 알게 되었고, 지금은 그녀의 차기작을 응원하고 있다.

나와 tbs 교통방송 입사 동기였던 김 피디의 행보는 더욱 흥미진진하다. 그녀는 자신의 방송 제작 경험을 살려 다양한 팟캐스트를 만드는 것은 물론이고, 독특하고 감각적인 인형을 만드는 공방을 운영하기도 했다. 지금은 작은 책방을 열고 그 안에서 재미있는 기획을 담은 문화 살롱 같은 프로그램을 차근차근 만들어 가고 있다. 그녀는 하고 싶은 다양한 일들을 마음껏 펼치는 싱글녀의 정석 같은 롤모델이기도 하다.

이 외에도 내가 만나 본 1인 기업가 중에는 은행원이었다가 사람들의 적성을 찾아 주는 프로그램을 기획해 창업한 사람도 있고, 하고 싶은 이야기를 책으로 썼다가 강연가의 길을 걷게 된 사람도 있다. 자신이 좋아하는 콘텐츠로 영상을 제작하는 크리에이터도 있고 여행을 좋아하는 직장인이었다가 다른 사람들의 여행을 설계해 주는 컨설턴트가 된 사람도 있다.

그들은 한결같이 "내가 이런 일로 돈을 벌게 될 줄은 전혀 몰랐다."고 말하곤 한다. 그러니 회사에서 하던 일이 특색이 없다고, 스스로 내세울 기술이나 장점이 별로 없다고 처음부터 좌절할 필요가 없다. 새로운 세계로 들어가려고 노력하는 순간 새로운 일자리를 발견하고 만들 수 있다. 누구나 생각보다 많은 장점과 능력이 있다. 그걸 발견하는 게 미래의 수입과 직결된다고 보면 된다.

간혹 뭔가를 준비한다며 비싼 강의를 듣는 등 정적인 고민을 하는 사람도 있다. 아무것도 하지 않는 것보다는 낫지만 엉덩이로만 하는 고민에는 한계가 있다. 실행이 뒤따르지 않기 때문이다. 사람들을 만나 고민을 나누고 교류를 하는 것도 마찬가지다. 아무리 좋은 아이디어를 들었다 해도 그걸 실제로 적용하지 않고 듣고만 있으면 아무런 소용이 없다. 배우려고만 하지 말고 일단 그냥 시작하면 된다. 배우는 건 내가 모르는 게 무엇인지 찾았을 때, 그때 시작해도 늦지 않다. 뭘 해야 할지 모르는 상태에서 준비 없이 배우는 건 순서가 잘못되었다. 혼자 자아 탐색 워크숍을 기획해 실행해 보거나, 다른 이들의 인터뷰 기사를 참고해 나만의 실행 목록을 만들어 보거나, 여러 공간을 탐방하며 영감을 찾는 등의 시작도 괜찮다. 중요한 건 행동으로 옮기는 적극적인 태도다.

다시 인턴부터 시작하기

많은 사람들이 나에게 이런 말을 한다. "너는 아나운서였으니까 그래도 회사 밖에서 할 수 있는 일이 있잖아." 이러한 의견에 나는 단호하게 "아니요."라고 답한다. 전에 하던 일이 무엇이었든 내가 생각하는 1인 기업가의 시작은 '인턴'부터다.

나는 지금 아나운서 출신으로 다른 방송을 하며 돈을 벌지 않는다. 오히려 방송과 상관없는 일을 더 많이 하고 있다. 책을 쓰는 일, 강의를 하는 일, 여러 콘텐츠를 만드는 일 등은 내가 전혀 생각해 보지 못했던 영역이다. 하지만 결론적으로 말하면 지금 나에게 돈을 벌어다 주는 일은 회사에서 하던 일과 큰 관련이 없어 보이는 것들이다. 나도 내가 이런 일로 돈을 벌게 될 줄은 정말 몰랐다.

이 과정에서 꼭 하고 싶은 말은 새로운 일을 다양하게 시도한다고 해서 처음부터 수입이 척척 생기는 건 아니라는 것이다. 나 역시 아나운서 10년 경력부터 시작한 게 아니라 새로운 출발선에 선 후에야 일사리와 수입을 발견할 수 있었다. 당연히 인턴 수준의 돈을 받으며 일을 시작했지만 이는 세상의 합당한 이치이기도 하다.

과거에 무슨 일을 한 것이 중요한 게 아니라 앞으로 무슨 일을 할 것인가가 제일 중요하다. 그리고 이 고민 앞에서는 모두가 막막함을 느낀다. 누구는 무슨 일을 했으니까 유리하고, 나는 특별한 기술이 없어서 불리하다는 생각은 할 필요가 없다. 새로운 세상에선 누구나 인턴부터 시작해야 한다. 회사에는 내가 친 사고를 해결해 줄 상사도 있고, 내게 일을 가르쳐 줄 선배도 있고, 괴로운 마음을 나눌 동기라도 있지만 회사 밖을 선택한 인턴에게는 아무도 없다. 돈도 없고 사람도 없다. 고민을 할 때마다 힘들고 괴로운 게 당연하다. 하지만 이러한 과정을 겪으며 필요 이상으로 괴로워하거나, 스스로의 무능함을 탓하지 말았으면 좋겠다. 다시 인턴부터 시작하는 것은 미래의 돈을 일찍부터 내다본 사람이라면 누구나 통과의례처럼 겪는 과정이기 때문이다. 당연히 방황도 하고 삽질도 하게 된다. 그 시간 동안 내 손에 잡히는 결과물은 크게 없겠지만 그럼에도 그 시기는 모든 사람이 꼭 한 번은 거쳐야 하는 과정이라고 생각하면 좋겠다.

WORK TO DO!

- 내가 잘 알지 못하는 내 안의 가능성을 발견하기 위해 평소에 해 보지 않았던 다양한 활동들을 시도해 보자.

예시)
-잘 모르는 동네 탐방하기
-잘 알지 못하는 작가의 전시회 가 보기
-처음 접하는 음식 먹어 보기
-아무런 계획 없이 여행 다녀오기
-낯선 언어 경험하기

- 이 외에 실행하고 싶은 낯선 활동으로는 무엇이 있는가?

회사 밖에서
하고 싶은 일을 못 찾았다면

"네가 로또에 당첨돼도 이 일을 계속하고 싶니? 만약 하고 싶다면 너는 이걸 해도 좋아."

인기 드라마 작가이자 《여름, 어디선가 시체가》라는 소설을 쓴 박연선 작가가 어느 인터뷰 때 한 이야기다. 그녀는 작가 지망생들에게 종종 이런 질문을 한다고 한다. 쉽지 않은 작가 지망생 생활에 그녀의 질문은 힘들어서 뒤로 돌아갈지, 힘들어도 앞으로 나가야 할지를 알려 주는 기준이 될 것 같다.

그런데 이러한 질문은 하고 싶은 일이 비교적 명확할 때 빛을 발한다. 일단 무언가에 도전 중이기 때문에 받을 수 있는 질문이지 않은가. 회사를 벗어나서 무엇을 하고 싶은지 도무지 감이 안 올 때에는 이런 질문을 받을 수 있는 상황만 되어도 좋겠다는 기분이 들 것 같다.

우리는 어릴 때부터 좋은 성적을 받기 위해 공부를 하고 시험을 치르기를 반복한다. 대학만 가면 끝인 줄 알았는데 좋은 회사에 들어가야 성공한 인생인 것처럼 등 떠밀린다. 그렇게 취업이 모든 코스의 완성인가 싶었는데 그게 새로운 시작이라는 걸 깨닫기까지 그리 오랜 시간이 걸리지 않는다. 생존만으로도 벅찰 때가 많은데, 이제는 회사 밖에서의 밥벌이도 고민해야 한다. 문제는 그 고민이 절대 단순하지 않다는 것이다. 이제껏 해야 하는 일만 해 왔는데 갑자기 하고 싶은 일이 쉽게 떠오를 리 없다. 하고 싶은 일이 명확히 떠오르지 않는데 회사 밖에서의 자립이 어떻게 만만하게 느껴지겠는가. 로또에 당첨돼도 계속하고 싶은지 질문을 받을 수 있다면 "예/아니요."의 대답만 하면 되지만, 회사 밖에서 무슨 일로 지속적인 수입을 만들 것인지는 너무 열린 질문인 것이다.

이럴 때는 질문을 바꿔 보는 것도 방법이다. 하고 싶은 일이 아니라 '하기 싫은 일'을 찾아보는 것이다. 싫어하는 일을 하나씩 제거하다 보면 결국 내가 좋아하는 본질이 남게 된다. 내 지인은 어릴 때부터 방송국 피디가 꿈이었는데, 막상 취업 준비를 해야 할 때가 되자 자신의 꿈과 적성이 상극임을 알게 되었다고 한다. 이때 그녀에게 힌

트를 준 건 바로 '하기 싫은 일' 목록이었다. 업무 강도가 높은 일, 잦은 밤샘 작업, 많은 사람들과의 협업 등은 체력이 약하고 내성적인 그녀가 선택하기에 다소 무리였다. 결국 그녀는 하기 싫은 일을 하나씩 빼 버리는 식으로 자신에게 맞는 직업을 찾을 수 있었고, 지금은 출판사 편집자가 되어 유능한 인재로 인정받고 있다.

《세일즈, 말부터 바꿔라》에는 "고객의 마음은 고객도 모른다."는 이야기가 나온다. 사람들은 자신이 좋아하는 게 무엇인지 잘 안다고 생각하지만 이는 사실과 다르다. 내가 좋다고 말하면 멋있게 보일 수 있는 걸 고르거나 잘 모르지만 일단 좋아 보이는 것을 고를 때도 많다. 내가 좋아해서 선택한다고 착각할 뿐이다. 그래서 실제로 내가 고른 제품이 마음에 들지 않거나 내가 이걸 왜 샀을까 의아할 때가 있는 것이다. 이럴 때는 내가 무엇을 싫어하는지 생각해 보자. 답이 바로 나올 것이다.

질문만 바꿔도 해답이 보인다

한번은 출판평론가 김성신 선생님이 나에게 "어떤 부류의 사람을 좋아하느냐."는 질문을 한 적이 있다. 대답을 하기까지 생각보다 긴 시간이 걸렸다. 착하고 매너 좋고 자기 일도 잘하고 배려심도 있는 사람 등 여러 가지 생각은 떠오르는데 그중 어떤 사람을 제일 선호하는지 도무지 명확하게 떠오르지가 않았다. 그러자 다른 질문이 날아왔다. "그러면 어떤 사람을 싫어하느냐."고 질문을 바꾼 것이다. 그러자 단 1초도 안 되어 '약속 안 지키는 사람'이라는 답이 나왔다.

"은길 씨는 믿음, 신뢰를 중요하게 생각하는 사람이군요."

김성신 선생님의 분석은 틀리지 않았다. 나는 약속을 어기거나 마음대로 바꾸는 사람을 힘들어하는데, 이를 바꿔 말하면 '약속을 잘 지키는 사람'을 좋아하는 것이다. 질문만 바꾼 것인데도 해답을 찾는 게 아주 명확해진 신기한 순간이었다.

내친김에 그분은 새로운 질문으로 이야기를 이어 갔다. "좋아하는 사람 마음에 드는 방법이 뭔지 아세요? 흔히 그 사람이 좋아하는 걸 해 주는 거라고 생각하지만 그보다 더 확실한 방법이 있어요. 그건 바로 그 사람이 싫어하는 걸 안 하는 겁니다!"

생각해 보니 그 말이 정말 맞았다. 아무리 상대의 마음에 들기 위해 아홉 가지의 노력을 해도 한 가지 실수를 하면 예전에 쌓아 둔 점수를 깎아 먹는 건 순간이다. 상대방은 늘 잘하던 사람의 실수를 너그럽게 받아들이지 않는다. 이미 기대치가 너무 높아진 탓이다. 하지만 좋아하는 일을 하려는 노력 대신 싫어하는 일을 안 한 사람은 점수를 잃을 일이 없다. 눈 밖에 날 일이 없었던 덕분이다. 이보다 더 효율적인 마음 공략법이 또 있을까.

이제 이 방법을 내 마음에 한번 적용해 보길 권하고 싶다. 더 이상 남들이 좋다고 말하는 것들, 근사하고 멋있어 보이는 일들, 남들에게 부러움을 받을 것 같은 상황들을 내가 좋아한다고 착각하는 일은 없어야 한다. 스스로 한 번에 고개를 끄덕일 정도로 좋아하는 게 무엇인지 쉽사리 떠오르지 않는다면 무엇을 싫어하는지를 하나씩 정리해 보자. 아주 사소한 것이라도 좋다. 그 질문의 대답을 거꾸로 생각하면 그게 곧 내가 좋아하는 것들이다.

이번 단계에서는 나의 성향과 마음속 깊은 곳의 목소리를 찾아낸다는 마음으로 가볍게 정리해 보자.

WORK TO DO!

- 나는 어떤 사람을 싫어하는가?

- 나는 어떤 근무 환경을 싫어하는가?

다른 사람의 의견은 필요 없다

"사업을 하겠다고? 지금 네가 말한 아이템으로? 그게 정말 될 거라고 생각해? 사업은 말이야, 그렇게 순진한 생각으로 할 수 있는 게 아니야. 비슷한 일을 하는 경쟁 업체도 분석해 보고 해외 사례도 살펴보면서 종합적으로 판단해야 한다고!"

내 지인이 퇴사한 후 예전 직장 상사를 만난 자리에서 들은 충고 아닌 충고였다. 이 이야기를 들은 그녀는 그 상사와의 대화를 너무 어이없어했다.

"내가 뭐 투자를 하라고 했나, 지켜봐 달라고 했나. 그냥 뭐 하냐고 묻기에 사업 준비한다고 대답한 걸 가지고 얼마나 난리를 치던지.

내가 나라를 팔아먹겠다는 게 아니잖아. 그냥 내가 하고 싶은 일을 해 보겠다는 건데, 그게 그렇게 잘못된 건가? 그리고 더 웃긴 게 뭔지 알아? 그 사람은 단 한 번도 자기 사업을 해 본 적이 없어. 계속 직장인이었다니까!"

회사를 다니다 그 길을 벗어나려 하면 생각보다 많은 저항을 받게 된다. 그중 대표적인 게 바로 이런 대화다. 회사를 떠나는 것도 선택이지만 회사에 남는 것도 선택이다. 회사에 남는 선택을 한 사람들은 회사 밖에 있는 사람들에게 늘 이런 질문을 던진다.

"요즘 뭐 하고 지내?"

나는 이 질문이 상당히 많은 의미를 담고 있다고 생각한다. "밥 먹었어?"처럼 안부를 묻는 것 같아 보여도 꼭 그런 건 아니다. 이 질문에 '아직 할 일을 찾고 있는 중'이라는 식의 대답을 하기라도 하면 질문한 사람들은 안도한다. 회사에 남은 선택이 아직은 더 나은 결정처럼 느껴지기 때문이다. 물론 모든 사람들이 그런 의도를 담아 이런 질문을 하는 건 아닐 테지만 퇴사를 한 후 전 직장 동료들과 대화를 나눈 많은 사람들이 이를 공통적으로 느끼곤 한다.

앞에서도 누누이 이야기했듯 회사 밖에서는 한동안 숨을 고르는 시간이 필요하다. '2보 전진을 위한 1보 후퇴'라고 생각해도 좋다. 회사를 다니는 것만으로도 하루하루가 벅찼는데 언제 퇴사 이후의 완벽한 행보를 준비할 수 있겠는가. 당연히 체력 비축을 위한 휴식도 갖고 스스로를 돌아보기도 하는 시간이 필요하다. 그리고 그 과정에서 퇴사에 대한 후회를 하기도 한다. 확실한 무언가가 보이지 않을 때는 고정적인 월급을 차 버렸던 순간이 자꾸 떠오르는 것이다. 한마디로 심경이 복잡하고 가장 불안한 때다.

이때 직장에 남는 선택을 한 사람들은 이러한 상태의 퇴직자를 보며 조언과 충고를 아끼지 않는다. 다만 그 이야기가 전 동료를 향한 것인지, 자기 자신을 위한 것인지는 잘 모르겠다. 나의 방황이 다른 사람의 안도가 되는 건 싫다.

먼저 회사를 벗어난 언니로서 한마디 하자면, 굳이 다른 사람의 의견을 귀담아듣지 않아도 된다고 말하고 싶다. 설사 그게 나의 핏줄인 가족의 말일지라도 말이다. 사람들은 자신이 나에게 무슨 말을 했는지도 잘 기억하지 못할 때가 많다. 나와 대화를 나누던 그 순간에 갑자기 떠오른 생각으로 이야기했던 걸 나 혼자 깊이 받아들이며 상처받거나 괴로워할 필요는 없다.

내가 나에게 집중하는 시간이 필요하다

어떤 행동이나 선택을 하기까지 수많은 고민을 한 사람은 바로 나 자신이다. 스스로 설득이 되었기 때문에 움직인 것이다. 남들은 내가 결심에 이른 과정 전부를 알 수 없다. 내가 일일이 설명해 줘야 할 필요도 없지만 설명한다 해도 100퍼센트 온전하게 전달할 수도 없다. 그 어려운 일에 괜한 힘 빼지 말고 그냥 혼자 판단하고 혼자 실행하면 된다.

불안한 마음에 "너라면 할 수 있을 거야."라는 응원과 "다 잘될 거야."라는 희망의 말을 듣고 싶겠지만 그 또한 불필요한 기대다. 그런 말에 힘이 날 것 같다면 그냥 내가 나에게 해 주면 된다. 구차하게 이런저런 설명으로 충고와 반박, 조언과 변명 식으로 흐르는 대화를 나누지 않길 바란다.

참고로 앞에서 이야기한 내 지인은 그날 이후로 더 이상 전 직장 동료들을 만나지 않는다. 초라해 보이지 않기 위해 대화 내내 애쓰는 것도 힘들고 집으로 돌아오는 길에 어떤 말실수를 하지는 않았는지 곱씹는 시간이 괴롭다고 했다.

나는 이러한 솔직하고 객관적인 관찰이 생산적인 선택에 큰 도움이 된다고 생각한다. 본인이 생각하기에 힘들고 괴롭다면 그만두는 게 좋다. 그걸 아무렇지 않은 척 억지로 참고 견디는 건 해답이 아니다. 특히 나 자신에게 좋을 게 하나도 없다. 어차피 미래의 돈은 그런 인내에서 생기는 게 아니다. 내가 나에게 집중하는 것에서 시작된다.

사람은 모두가 불안하다. 그 불안을 없앨 방법은 없다. 다만 불안을 어느 정도 잠재울 방법은 있다. 그건 바로 내가 나를 믿는 힘을 키우는 것이다. 그건 남들이 해 줄 수 있는 게 아니다. 더군다나 회사 밖에서 새로운 일자리를 만들고 돈을 벌 수 있는 독립을 실행하고 싶은 사람이라면, 타인의 지나가는 한마디 같은 조언에 휘둘려서는 안 된다. 그럴 시간이 있으면 차라리 잠을 자는 게 더 낫다. 잠에서 깨면 맑고 개운한 정신으로 나에 대해 고민해 볼 수라도 있으니 말이다.

WORK TO DO!

- 지금 이 순간 가장 듣고 싶은 말을 스스로에게 해 준다면?

제4장

나 혼자 산다, **자신 있게**

어디서나 누구와도 일할 수 있는
나를 만드는 법

인생 2막이 아니라 직업 5.0을 개척하라

"하고 싶은 일, 의미 있는 일을 하는 건 정말 행복합니다. 수입도 행복한지를 물으신다면, 안타깝게도 아직은 아니라고 말씀드리고 싶네요. 하하."

젊은 스타트업 대표들의 강연을 접하게 될 때가 종종 있다. 누가 시키지도 않았는데 밤샘을 하면서도 웃으며 일하는 그들의 에너지가 참 좋다. 언제까지 회사를 다닐 수 있을까 불안해하지 않으면서 자신이 하고 싶은 일을 마음껏 행동으로 옮기는 그 모습이 참 좋아 보인다. 그들의 배고픈 시간이 최대한 짧아지길 바랄 뿐이다. 그들의 모습에 그 어느 때보다 눈길이 가는 건 아무래도 내

처지가 투영되기 때문이 아닐까 싶다. 나도 하고 싶은 일을 하면서 즐겁게 돈을 벌고 싶다.

《100세 인생》이라는 책을 보면 100세까지 살 것으로 예상되는 지금의 젊은 세대가 65세에 퇴직하는 것은 불가능한 일이라고 지적한다. 은퇴 후 35년은 경제 활동 없이 보내기에 너무 긴 시간일뿐더러 부모 세대보다 연금 액수도, 저축 이자율도 모두 낮아져 안정적인 노년의 삶을 기대하기 어렵기 때문이다. 그래서 앞으로의 은퇴 시기를 80세 이상으로 생각해야 한다고 저자는 말한다. 심지어 지금 젊은 세대의 기대 수명은 100세가 아니라 120세라고도 덧붙인다.

100세 시대를 생각하며 경제 활동을 하기 위해서는 '일자리의 과도기'에 대한 진지한 고민이 필요하다. 처음 가진 직업이나 일자리로 평생을 살기에는 삶이 정말 길어졌다. 기술의 발전으로 시대도 변하고 혼자 살기로 결심한 가구도 늘면서 가족의 형태 역시 변화하고 있다. 당연히 일자리의 변화를 예상할 수밖에 없다. 그 변화에 대처할 때마다 일자리의 과도기가 찾아오게 된다. 예전에 했던 일로 앞으로도 돈을 벌기 힘들 것 같다는 판단이 서면 다른 일자리를 갖기 위해 새로운 교육을 받거나 자격증을 따는 등 무언가를 준비해야 하는데 이를 과도기라고 생각하면 된다.

우리에게는 이러한 일자리의 과도기가 앞으로 여러 번 찾아올 것이다. 일자리의 변화가 수차례 나타나게 될 텐데, 한 가지 이상의 직업을 갖는 것을 아주 당연하게 받아들일 수 있어야 한다. 나는 이에 대한 대표적인 대처가 바로 회사 밖에서의 자립 즉, '스스로 수입을 만들 수 있는 상황 만들기'라고 생각한다.

무엇보다 싱글의 삶을 지속하고자 결심했다면, 일자리를 오랫동안 유지하는 것은 삶의 중요한 중심축이 될 것이다. 일자리를 통해 노후 준비를 할 수 있는 것은 물론이고, 사회적 네트워킹 역시 지속할 수 있기 때문이다.

미래의 돈은 직업 5.0에서 찾아야 한다

평생직장이 당연시되던 시절에는 대부분의 사람들이 지금 하는 일 말고 다른 일을 한다는 건 상상하지 못했다. 직업 1.0 버전에서 더 이상 발전을 해야 할 필요를 느끼지 못한 것이다. 오늘날은 직업 1.0만으로는 불안한 세상이다. 직업 2.0, 3.0, 4.0 등으로 자신을 업그레이드하면서 새로운 시장을 개척해 나가야 한다.

나에게 직업 1.0은 '아나운서'였다. 어릴 때부터 하고 싶었던 일이었고 이제까지의 경제 활동 중 가장 긴 경력을 기록한 일이다. 하지만 현실적으로 할머니 아나운서가 되기는 힘들 것 같아 '작가'라는 직업으로 2.0의 단계를 밟아 보았다. 그러나 이 역시 안정적인 선택은 아니었다. 나는 인세 수입만으로 생활을 할 수 있는 전업 작가가 아니었다. 내가 선택한 직업 3.0은 '강사'였다. 내 콘텐츠를 정리하고 이를 바탕으로 여기저기서 강연을 하면 좋을 것 같았다. 다양한 곳에 제안을 하며 강의할 곳을 직접 찾아 나서기도 하고 때로는 섭외를 받기도 하며 활동을 시작했지만 이 또한 안정적이라고 말할 수는 없었다. 상대방이 나를 섭외하거나 내 제안을 받아들여야 이루어지는 관계이기 때문이다. 그렇게 직업 4.0의 단계로 넘어가기 위해 1인 기업인 '첫눈스피치'를 시작했다. 내 손으로 내 일자리를 만들며 고용 안정성을 보완하고 싶었다. 내 사업을 시작한 덕분에 일자리를 잃지 않을 자신은 생겼는데, 성장 가능성이 큰 시장이라고 말하기는 힘들다. 이미 너무 많은 스피치 학원들이 시장에 자리를 잡고 있는 상태에서 나는 늦어도 너무 늦은 후발주자인 데다 앞으로 평생 이 일만 하고 싶은 것도 아니기 때문이다.

지금의 내가 고민해야 할 것은 직업 5.0이다. 하고 싶은 일을 하며 안정적으로 돈을 벌 수 있는 새로운 일자리를 찾기 위한 과도기인 셈이다. 나는 이 과도기를 내가 지금까지 쌓아 온 경력을 활용했던 과거와 달리 새로운 공부와 전문성 획득을 통해 새로운 경쟁력을 확장하는 시기로 삼고 싶다. 앞서 언급한 《100세 인생》에는 '장기 전략의 핵심 포트폴리오'라는 말이 나온다. 미래에도 돈 걱정 없이 살고 싶다면 세 가지 방법을 고려해야 하는데, 첫째는 저축, 둘째는 과거 경력을 활용한 일자리, 셋째는 새로운 교육을 통한 새로운 역할 개발이다.

저축은 내가 제1부에서 이야기한 '내 집 마련'에 해당할 것이고, 과거 경력을 활용한 일자리는 바로 다음 장에서 이어질 '회사 밖 자립을 위한 탐색과 제안'이 될 것이다. 그리고 여기에 더해 새로운 교육 등을 통한 능력 확장을 생각해 볼 수 있어야 한다.

내가 본격적으로 월급을 받기 시작하면서 쌓아 온 경력과 경험은 고작 10년이 조금 넘었을 뿐이다. 이걸 가지고 앞으로 30~40년 동안 안정적인 일자리를 유지하기에는 부족한 부분이 많다. 그래서 지금 당장 돈을 벌고 있으면서도 불안한 마음이 드는 게 아닐까. 결국은 새로운 교육을 받으며 스스로의 경쟁력을 보강하는 게 장기적 관점에서의 해답이 될 수 있을 것 같다.

인생 2막이라는 말은 우리 부모 세대에서나 적용되던 말이다. 한 번 회사에 들어가면 정년퇴직까지 가능하던 시절, 회사에서 받은 월급을 모아 은퇴한 후부터 죽을 때까지 먹고살 수 있을 정도로 이자율이 높던 시절, 평균 수명이 70~80세인 시절에나 통하는 개념이었다. 이제는 인생 2막이라는 말 대신 직업 5.0을 고민해야 하는 시대에 접어들었다.

나는 이를 위해 새롭게 배우고 싶은 교육과 이를 바탕으로 딸 수 있는 자격증 등을 찾는 중이다. 지금 당장 무엇을 어떻게 하겠다는 것까지는 아니더라도 나의 직업 5.0을 가능한 한 빠르게 결정하기 위해 미리 고민을 시작해 보는 것도 충분히 의미 있는 일이라고 생각한다. 새로운 지식을 접하고 그중 내가 좋아하는 것들을 잘 선별해 나만의 콘텐츠로 가꾸는 일을 지속적으로 반복해야 언제든 일자리를 구축할 수 있다. 그리고 그 일자리를 통해 안정적인 미래의 돈이 만들어지는 것이다. 그런 의미에서 '평생교육'은 열 건물주 안 부러운 미래 일자리의 중요한 해답이라고 볼 수 있다. 일단 그 전에 다음 장에서 가까운 미래의 돈을 만들 수 있는 방법부터 이야기해 보고자 한다.

WORK TO DO!

- 미래 일자리를 위해 새롭게 공부하고 싶은 분야가 있는가?

- 자격증을 따거나 전문가 영역에 들어가 하고 싶은 일이 있는가?

내 진짜 능력을 알아야 먹고살 수 있다

"회사 일이 저와 잘 맞지 않아요. 월급이 필요하니까 일단 다니고는 있는데 하루하루가 행복하지 않고 너무 답답해요. 퇴사하고 뭘 할지 확실하게 찾았다면 바로 그만두겠는데 그게 아니니까 힘들어요. 어차피 회사를 평생 다닐 수는 없잖아요. 그러면 한 살이라도 젊을 때 제 적성에 맞는 일을 하면서 돈을 벌고 싶어요."

나는 퇴사를 고민하는 2030 싱글 여성 직장인들을 꽤 많이 만나 왔다. 그들이 내게 원하는 건 회사를 떠나 무엇을 할 수 있을지에 관한 실질적인 해답이었다. 회사를 떠나고 싶고 또 떠나야 할 준비도 하는 게 맞다고는 생각하는데, 어떤 준비를 해야 먹고사는 문제를 해결할 수 있는지는 잘 모른다. 아마 이런 고민을 한 번도 해 보지 않은 직장인은 없을 것이다.

같은 고민을 몇 년 먼저 해 본 언니로서 해 줄 수 있는 이야기는 나의 경험담이다. 나는 치열하게 회사 밖 돈벌이를 찾기 위해 다양한 방법들을 시도한 결과 의미 있는 탐색을 할 수 있었다. 지금부터 이를 자세히 공유해 보려 한다.

회사로부터 독립하고 나서 새로운 일을 찾기 위해 내가 준비한 건 다름 아닌 펜과 종이였다. 고민만 할 시간에 뭐라도 적어 보는 게 더 나을 것 같았다. 내 마음을 내 눈으로 확인해야 객관적인 판단이 가능하지 않던가. 머릿속으로 맴도는 생각은 스마트폰을 10분만 봐도 싹 사라지곤 했다. 내가 어떤 생각을 했다는 것 자체를 잊기도 했다. 그래서 머릿속으로 고민을 하고 내 손으로 그 생각을 꾹꾹 눌러쓰는 일이 기본적인 고민 해결의 첫 단계라고 생각했다.

나는 나를 탐색하기 위해 총 세 가지 항목으로 목록을 적어 보았다. 그것은 '할 수 있는 일', '잘하는 일', '하고 싶은 일'의 목록이었다. 나를 탐색하기 위해 적어 내려간 목록은 거창한 아이디어가 아니었다. 그저 종이 한 장이면 충분했다. 다 적어 놓고 보면 별거 아닌 것 같아도 이 종이 한 장이 앞으로 나의 미래 일자리를 만드는 모든 정보가 되었다. 하고 싶은 일을 하면서 미래의 돈을 벌 수 있게 해 주는 아이디어 그 자체였다.

할 수 있는 일	잘하는 일	하고 싶은 일
• 글쓰기	• 방송	• 저작권료 받기
• 스피치 강의	• 글쓰기	• 글쓰기
• 재테크 강의	• 계획표 짜기	• 방송
• 방송	• 가르치는 일	• 강연
•	•	• 창업
•	•	• 여행
•	•	•
•	•	•
•	•	•

생각을 솔직하게 직접 종이에 적기 시작하자 참 신기하게도 의미 있는 연결이 가능해졌다. 흩어져 있던 생각들을 직접 적어 보자 나름의 공통점을 찾을 수 있었다.

실제로 내가 작성해 본 한 장짜리 탐색 종이는 위와 같다. 이게 무슨 대단한 아이디어일까 싶겠지만 이 종이 하나로 나는 새로운 일자리를 찾고 여러 개의 수입 파이프를 만들 수 있었다. 이제부터 이 종이를 어떻게 채울 수 있는지, 다 작성한 후에 의미 있는 결론으로 어떻게 연결할 수 있는지 그 방법을 알려 주겠다. 그 방법을 하나씩 접할 때마다 직접 자신만의 항목을 채우고 적용해 보길 권한다.

나만의 목록을 완성하는 법

❶ 할 수 있는 일

첫 번째 목록은 '내가 할 수 있는 일'이다. 꼭 좋아하는 일이 아니어도 상관없다. 그 일로 반드시 돈을 벌어야 하는 것도 아니다. 그저 내가 지금 어떤 '능력'을 가지고 있는지 확인하는 수준이면 충분하다.

스스로 생각하기에 정말 하찮은 능력이어도 괜찮다. 내가 무엇을 할 수 있는지를 아는 것은 정말 중요하다. '이까짓 게 무슨 능력이라고' 하는 마음은 버려야 한다. 내가 가진 능력은 정말 소중하고 또 도움이 된다. 앞으로 이 능력을 다른 것들과 엮을 것이기에 '할 수 있는 일' 목록 작성을 한 시간 만에 후딱 해치워서는 안 된다. 며칠이 걸려도 좋으니 가능한 한 많이 적는 것을 목표로 하자. 갑자기 떠오른 생각이 있다면 언제든 추가할 수 있게 이 목록을 항상 가지고 다니는 것도 좋다.

실제로 나는 많은 사람들에게 '할 수 있는 일'이 무엇이냐고 자주 묻곤 한다. 생각보다 다양한 대답이 쏟아진다. 블로그 하기, 사진 찍기, 영어나 수학 가르치기, 문서 작성, 포토샵, 파워포인트 작성, 제본, SNS, 그림 그리기, 자전거 타기, 등산, 중국어 회화, 여행지에서 길 찾기, 일본어 번역 등 그 내용과 분야가 실로 방대하다. 평소에 생각을 잘 안 해서 그렇지 우리에게는 생각보다 많은 능력이 있다. 그 능력 덕분에 월급을 받을 수 있는 것이다.

내가 파악한 나의 할 수 있는 일은 '글쓰기', '스피치', '방송', '돈 관리법 공유' 등이다. 방송 작가가 없는 열악한 케이블 방송국에서 일을 시작했던 나는 방송 진행 외에 방송 원고도 써야 했다. 글쓰기가 부담스럽거나 어려운 일이라는 생각을 하기도 전에 꼭 해야만 하는 일이 되어 버린 셈이었다. 방송 작가가 있는 방송국으로 이직을 한 후에도 글을 써야 하는 경우는 많았다. 중계방송 등을 할 때면 아나운서 혼자 현장에 투입되곤 하는데, 이때 방송 작가가 함께하는 일은 거의 없다. 현장에 가서 분위기를 파악하고 이를 스케치한 후 방송으로 전해야 한다. 나에게는 글쓰기가 일상적인 업무였고, 그래서 할 수 있는 일의 영역에 글쓰기를 포함했다.

'스피치'는 10년간의 방송 경력으로 할 수 있는 일이라 생각했다. 실제로 아나운서 지망생들을 대상으로 수업을 한 적도 있다. 내가 가르친 친구들은 현재 YTN, 연합뉴스 등 여러 방송국에서 일하고 있다. 이런 경험을 잘 살리면 여러 분야의 스피치 또한 내가 할 수 있는 일이 될 것 같았다.

바로 이어서 생각난 건 예측 가능하게도 '방송'이었다. '방송'은 내 경력의 대부분을 차지하는 분야다. 지난 10년간 TV, 라디오, DMB 등 여러 매체에서 뉴스, 인터뷰, 대담, DJ 등 다양한 포맷으로 방송을 해 봤으니 내게는 당연히 할 수 있는 일이었다.

'돈 관리법 공유'도 나에게는 할 수 있는 일이었다. 어릴 때부터 절약과 저축으로 돈을 관리한 노하우가 쌓인 데다 이를 돈 걱정하는 사람들에게 알려 주고 싶은 마음도 있어 돈 관리법을 소재로 책을 출간하기도 하지 않았던가.

이제부터는 아래의 표에 '할 수 있는 일'을 직접 작성해 보자. 누구에게 보여 줄 필요도 없으니 조금도 의식하지 말고 있는 그대로의 나를 탐색한 결과를 적으면 그만이다. 정말 사소한 내용도 좋으니 최대한 생각나는 모든 것을 다 적어 보자.

할 수 있는 일

•
•
•
•
•
•
•
•
•
•

❷ 잘하는 일

'할 수 있는 일'을 다 작성했다면, 이번에는 '잘하는 일'의 목록을 적어 보자. 이건 단순히 할 수 있는 일이 아니라 남들보다 조금이라도 더 잘하는 나의 '비교우위'를 찾는 것이다.

《인생을 결정짓는 다섯 가지 선택》이라는 책에는 '비교우위'의 개념이 아주 자세히 나온다. 이 책의 저자는 각자 가진 재능이 다르다는 점에 주목해야 한다고 말한다. 친구 중에는 나보다 거의 모든 면에서 우수한 사람이 있지만 나에게도 그 친구들보다 상대적으로 우수한 면이 있다. 그걸 찾아내 직업으로 삼는 게 정말 중요하다는 것이다.

저자는 미국의 유명 영화배우 메릴 스트리프의 이야기를 예로 들었다. 만약 그녀에게 두 시간이면 집 청소를 완벽하게 끝낼 수 있는 청소 재능이 있다고 치자. 그녀가 고용한 도우미는 다섯 시간이 걸려야 집 청소를 겨우 마칠 수 있다. 이때 누가 그녀의 집을 청소하는 게 더 좋을까? 정답은 청소 도우미다. 메릴 스트리프의 비교우위는 '청소'가 아니라 '연기'이기 때문이다. 같은 시간을 들여 영화를 촬영하거나 영화 홍보 인터뷰를 한다면 그녀가 벌어들일 소득은 청소 도우미에게 지급하는 일당과 비교할 수 없을 정도로 큰돈일 것이다.

지금보다 더 높은 수입을 얻고 싶다면 이 '비교우위'를 반드시 활용해야 한다. 같은 시간에 같은 에너지를 들이더라도 더 잘하는 일을 해야 버는 돈의 액수가 달라지기 때문이다. 나의 비교우위를 제대로 파악하기 위해서는 '내가 잘하는 일'을 최대한 많이 찾아 정리해 둘 필요가 있다. 이 목록에 있는 능력과 나의 콘텐츠를 잘 엮어야 나에게 꼭 맞는 일자리를 떠올릴 수 있다.

나는 주변 사람들에게 '할 수 있는 일'을 물었던 것처럼 '잘하는 일'이 무엇인지도 묻는다. 내가 들은 대답은 '할 수 있는 일'만큼이나 다양했다. 어떤 사람은 손재주가 좋아 가죽 공예 일을 잘한다고 했고, 또 누군가는 꽃에 관심이 많아 수준 높은 꽃꽂이가 가능하다고 했다. 그림을 잘 그리는 사람은 웹툰 연재가 가능한 수준이었고, 피아노를 잘 치는 사람은 주말에 예식장 아르바이트를 바로 할 수 있는 실력자였다. 이 대답을 한 모든 사람들이 자신이 대답한 일로 돈을 벌고 있는 건 아니었다. 하지만 그들은 이 질문을 통해 앞으로 얼마든지 그 능력으로 돈을 벌 수 있다는 사실을 알게 되었고, 그 깨달음 하나만으로도 회사 밖에서의 생존을 적극적으로 생각할 수 있게 되었다고 했다. 나 역시 마찬가지였다. 내가 잘하는 일을 목록으로 작성하며 새로운 수입에 대한 자신감을 키울 수 있었다.

무엇보다 나의 비교우위는 '방송'이다. 방송을 하며 돈을 벌 수 있었으니 방송을 못한 것은 아니라고 생각했다. 방송이 아닌 다른 분야에 이력서를 냈을 때는 서류 통과 확률이 낮았는데, 방송 진행 분야에서는 합격률이 월등히 높았다. 방송이 나의 비교우위라고 말해도 좋을 것 같았다.

또한 '글쓰기'도 내가 잘하는 일이다. 꼭 해야 하는 일이라 정확한 실력을 평가받을 기회가 없었지만 퇴사하기 전에 첫 책을 출간하면서 나는 내 글쓰기 실력이 괜찮은 편이라고 믿기로 했다. 내 글이 형편없었다면 책으로 만들어지지 못했을 것이고, 많은 독자들로부터 내 책이 사랑받지도 못했을 것이다. 내 책의 후기 중에는 '술술 읽혔다'는 내용이 종종 보이는데, 가독성이 좋은 것도 괜찮은 글쓰기 실력에 포함되는 게 아닐까 싶다.

내가 잘하는 일 중에는 '계획표 짜기'도 있다. 나는 학창 시절부터 계획표를 정말 잘 짰다. 시험 기간이면 각 과목마다 지난 시험에서 받았던 점수, 이번 시험에서 받고 싶은 예상 점수까지 표시해 그래프로 그려 둘 정도였다. 밤마다 다음 날 해야 할 일들을 적어 두는 것도 내 오랜 습관 중 하나다. 취업 준비생 시절 이력서 특기란에는 '계획표 짜기'를 쓰기도 했다. 계획표 짜기가 돈 버는 능력과 무슨 상관이 있는지는 나도 잘 모르지만 그래도 내가 자신할 수 있는 일이라면 모조리 적어 보았다.

내가 자신하는 일 중에는 '가르치는 일'도 있다. 내가 가르친 아나운서 지망생들이 방송하는 모습을 볼 때마다, 내 코칭을 받고 말하기 실력이 나아졌다는 후기를 접할 때마다 내가 몰랐던 재능을 발견한 기분이었다.

지금부터 바로 아래에 있는 표에 나만의 '잘하는 일' 목록을 적어 보자. 생각나는 대로 일단 쭉 적어 본 다음 그중에서 남들보다 특히 더 잘하는, 비교우위에 있는 것들을 따로 표시해 두어도 좋다. 탐색 과정에서 내가 잘하는 게 무엇인지를 파악하는 일은 정말 중요하다.

잘하는 일
•
•
•
•
•
•
•
•
•

❸ 하고 싶은 일

마지막으로 써 볼 목록은 '하고 싶은 일'이다. 당장 할 수 없는 일이어도 괜찮고, 현실적으로 불가능에 가까운 일이어도 좋다. 이 목록은 오직 하고 싶다는 내 마음의 목소리가 제일 중요하다. 재능이나 현실적인 문제를 따지지 말고 그저 내가 하고 싶은 일이라면 모조리 적어 보자.

'하고 싶은 일'을 실제로 작성해 보면 알겠지만, '할 수 있는 일'과 '잘하는 일'보다 훨씬 더 많은 항목들이 이 칸을 채우게 될 것이다. 내가 자세히 들여다보지 않았을 뿐, 내 마음속에는 하고 싶은 일이 은근히 많다. 지금부터 할 일은 그게 무엇인지를 내 눈으로 확인할 수 있게끔 쭉 적어 보는 것이다.

"하고 싶은 일이 무엇인가?"라는 내 질문을 받은 사람들은 열이면 열 앞의 두 가지 목록보다 훨씬 더 많은 대답을 쏟아 냈다. 책 출간, 세계 여행, 건물주 되기, 카페 창업하기, 마음껏 놀아 보기, 일상 탈출, 시간과 돈의 제약 때문에 못 했던 일들 하기, 감성적인 것 만들어 내기, 연극배우 되기, 퇴근 후 디제잉, 남 좋은 일 하기, 유튜버 되기, 소설 쓰기, 공방 운영하기 등 끝이 없었다.

정말 신기했던 건 이 이야기를 할 때 사람들이 짓던 표정과 눈빛이었다. 하고 싶은 일을 떠올리며 이야기할 때면 저절로 입꼬리가 올라가고 눈에서는 빛이 났다. 그 사실을 본인만 모르는 게 안타까웠다. 생각만으로도 즐거워지는 그 일들을 더 이상 미루지 않았으면 좋겠다. 의외로 그 일을 통해 돈을 벌게 될 수도 있다.

나 역시 '하고 싶은 일'에 가장 많은 내용을 적을 수 있었다. 우선 나에게는 '저작권료 받기'라는 소망이 있다. 한 번의 노동으로 지속적인 수입이 생긴다는 건 정말 멋진 일이다. 내게 그런 능력이 있는지 없는지는 생각하지 않은 채 내가 원하는 그 순수한 소망을 '하고 싶은 일' 목록에 제일 먼저 적어 보았다.

'방송' 역시 나에게는 정말 하고 싶은 일이다. 기회만 있다면 오랫동안 방송을 하고 싶다. 다만 나의 콘텐츠가 없는 상태에서 진행만 하려 한다면 방송을 오래 할 수 없을 것 같아, 나만 할 수 있는 이야기를 찾기 위해 회사를 나온 것도 있다. 그렇기에 하고 싶은 일 목록에서 '방송'은 꽤 윗부분에 자리를 차지하게 되었다.

'글쓰기'도 나에게는 계속하고 싶은 일이다. 지속적으로 책 출간을 하며 깨달은 건 내가 글쓰기를 정말 좋아한다는 사실이다. 글쓰기가 쉽다는 건 아니다. 글은 쓰면 쓸수록 더 어렵게 느껴진다. 하지만 그럼에도 계속 글을 쓰고 싶다. 비단 책뿐만 아니라 칼럼 연재, 글 기고 등 짧은 형태의 글 역시 주기적으로 쓰고 싶다.

나의 경험과 노하우를 공유하고 알리는 '강연'을 하고 싶다는 생각도 들었다. 말을 잘하고 싶어 하는 사람에게는 스피치 노하우를, 돈 관리가 어려운 사람에게는 재테크 노하우를, 세계 여행을 꿈꾸는 사람에는 여행 이후까지의 이야기도 해 줄 수 있다. 특히 회사로부터의 독립을 원하는 많은 사람들에게 효과적인 자립 계획 방법을 알려 주고 싶다.

또한 나는 아주 작은 일일지라도 내 사업을 직접 꾸려 보고 싶다는 생각이 들었다. 그렇게 '창업'은 나의 새로운 꿈이 되었다. 언제가 될지, 어떤 아이템이 될지도 모르는 상태였지만 그래도 정말 재미있을 것 같았다.

이런 식으로 현실적인 문제를 잊은 채 내 진짜 목소리를 있는 그대로 옮겨 적어 보았다. 그러자 불안하고 답답하던 마음에 조금씩 생기가 돌았다. '하고 싶은 일' 목록이 길어질수록 에너지가 샘솟는 기분이었다. 하고 싶은 일이 있다는 건 무엇이든 시작할 의욕이 있다는 뜻이기 때문이다. 하고 싶은 게 무엇인지 확인하자 무슨 일을 어떻게 하면 좋을지 구체적인 계획과 방법들이 서서히 보이기 시작했다.

그 방법이 무엇인지 궁금하다면 지금부터 '하고 싶은 일' 목록을 채워 보자. 하고 싶은 일이 많으면 많을수록 엉덩이가 들썩이는 걸 느낄 수 있을 것이다. 하고 싶은 마음만 있다면 일단 적고 보자. 스스로의 가능성을 미리 걱정하는 마음은 과감히 덮어 둔 채 말이다.

하고 싶은 일

-
-
-
-
-
-
-
-
-

---

❹ 내게 적합한 일자리 파악하기

'할 수 있는 일', '잘하는 일', '하고 싶은 일'을 다 작성했는가? 이제부터가 본격적인 시작이다. 바로 다음 작업을 위해 이 세 가지 목록을 작성한 것이다. 나는 이 목록들을 모두 작성한 후 아래 벤다이어그램처럼 서로 겹치는 지점이 있는지 찾아보았다.

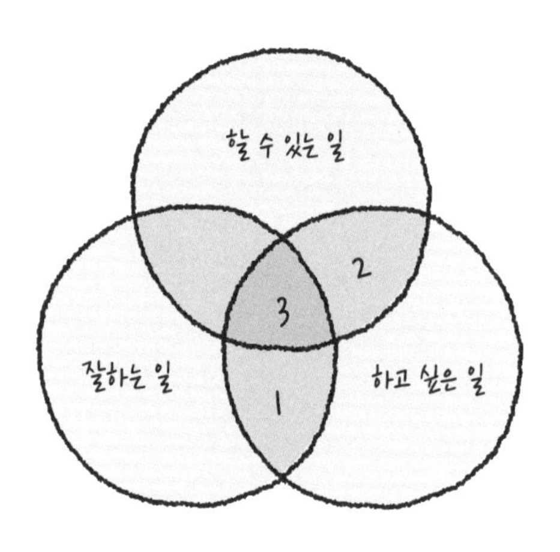

'할 수 있는 일'과 '잘하는 일'은 지금 내가 갖고 있는 능력이다. 이렇다 할 현실적인 고민 없이도 이 목록에 있는 일들은 당장 돈을 벌 수 있게 해 주는 힘이라고 생각하면 된다. 그리고 이 지점들과 맞닿은 '하고 싶은 일'이 내가 새롭게 돈을 벌 수 있는 좋은 선택지가 될 것이다. 벤다이어그램에서 볼 수 있듯이 1번과 2번의 선택도 괜찮고,

3번의 선택은 그야말로 최적이다.

이 과정을 통해 확인할 수 있는 메시지는 크게 두 가지다.

첫째, 나는 어떤 사람인가?

둘째, 그래서 나는 무슨 일을 하면 좋을까?

지금까지 작성한 세 가지 목록을 조합한 이 벤다이어그램만으로도 이 두 가지 질문에 얼마든지 명쾌한 대답을 할 수 있다. 그 답을 알게 된 이후에는 앞으로 무얼 할지 고민만 하던 답답한 상황에서 드디어 벗어날 수 있게 된다.

나의 경우 1, 2, 3번에서 겹친 부분은 방송, 글쓰기, 강연 등 전부 나를 표현하고 내 생각을 알리는 일이라는 걸 알 수 있었다. 내가 사람들 앞에서 말하는 걸 좋아하는 건 알고 있었지만 이렇게 명확히 확인하게 될 줄은 몰랐다. 세계 여행을 하기 전에 나는 사람들 앞에서 말하는 걸 오직 방송으로만 할 수 있다고 생각했다. 그래서 아나운서라는 직업을 떠올렸고, 아나운서가 되기 위해 노력했으며, 아나운서가 된 이후에는 즐겁게 방송을 했다.

퇴사 후에는 사람들 앞에서 말하는 일을 어떻게 하면 좋을지 구체적인 아이디어가 떠오르지 않았다. 그런데 벤다이어그램이 내게 의미 있는 답을 알려 주었다. 방송을 통해서만 할 수 있다고 여기던 것을 글이나 강연 등으로도 할 수 있다는 것을 말이다. 나를 명확하게 규정할 수 있다면 무슨 일을 해야 할지도 어렵지 않게 찾을 수 있다.

나는 표현하고 알리고 공유하는 걸 좋아하는 것으로 방향성을 정리했지만 모두가 그렇지는 않을 것이다. 누군가는 탐구하고 연구하는 걸 좋아할 수 있고 또 누군가는 왕성한 호기심을 바탕으로 모험하는 걸 좋아할 수도 있다. 남을 돕고 다 함께 더불어 살아가는 가치를 중요하게 생각하는 사람도 있고 세상에 없던 새로운 것을 창조하는 것에 몰두하는 삶도 있을 수 있다. 어떤 식으로 결론이 나든 이러한 기본적인 방향성을 알아야만 내가 어떤 사람이고, 무슨 일을 하면 좋을지 찾을 수 있다.

이 대답을 찾는 방법은 아주 구체적이어야 한다. 그래야 나에게 돈을 벌어다 줄 일자리와 연결 지을 수 있다. 단순히 나의 방향성을 정리한 것만으로 갑자기 일이 생기고 돈이 들어오는 것이 아니다. 이제부터는 어떻게 하면 나에게 꼭 맞는 일, 내가 즐거워하는 일, 그러면서도 예전보다 더 많은 돈을 벌어다 줄 일을 만들고 늘릴 수 있을지 직접 찾는 과정이 이어져야 한다. 나는 이를 '제안'이라고 부른다. 내가 원하는 일을 먼저 결정한 후 이 일을 함께할 수 있는 사람에게 손을 뻗어야 하기 때문이다.

바로 다음 장에 내가 찾은 '제안'의 방법들을 소개하겠다. 실제로 내가 실행으로 옮긴 방법들을 참고 삼아 각자 찾은 탐색의 결과를 제대로 적용할 수 있으면 좋겠다. 내가 원하는 방향성과 제대로 된 제안의 실행력이 합쳐지면 미래의 일자리와 돈이 더 이상 멀게만 느껴지지 않을 것이다.

회사 밖 일자리 만들기, 어떻게 시작할 것인가?

"회사에서 직원 교육을 담당하신다고요?"

"네."

"그러면 제가 프로필 하나 보내 드려도 될까요? 저도 기업 강의를 많이 하거든요."

"네, 보내 주세요. 굉장히 적극적인 분이시군요."

미래의 돈을 위해 일자리를 개척해야 하는 나는 이런 대화를 자주 나눈다. 내가 먼저 물어보고 제안하고 문제가 있다면 그걸 수정한 후 다시 제안하는 것. 그리고 그 결과를 받아들이는 것! 이것이 미래의 돈을 만드는 방법의 전부다.

할 수 있는 일과 잘하는 일, 하고 싶은 일까지 확실히 파악했다면 이제는 '마음껏 움직이기'만 하면 된다. 나에게 꼭 맞는 맞춤 일자리를 발견한 것이기 때문이다. 그 발견은 남이 해 준 게 아니라 내가 직접 한 것이다. 그렇기에 나의 일자리 역시 내가 먼저 찾아내 손을 내미는 제안 과정을 거쳐야 한다.

남들은 나를 모른다. 내가 어떤 일을 잘하는지, 무슨 일을 하고 싶어 하는지 알 리가 없다. 내가 나의 정보를 알리지 않는 한 그 어떤 일거리도 들어오지 않는다. 더구나 회사로부터 독립한 한 개인에게 좋은 조건의 일자리를 누가 먼저 제안하겠는가. 무조건 '제안'이 나의 몫이라고 생각하자.

낯선 사람에게 새로운 일을 제안하는 게 많이 어색하고 어려울 수 있다. 하지만 이를 행동으로 옮겨야 내가 좋아하는 일을 하면서 돈을 벌 수 있는 환경이 만들어진다. 이 쉽지 않은 일을 행동으로 옮길 수 있는 이유는 딱 하나다. 바로 내가 '진짜 하고 싶은 일'이기 때문이다. 하고 싶은 일을 하며 돈을 버는 제대로 된 입구에 들어선 덕분이다. 그렇기에 용기가 날 것이다. 나의 제안이 받아들여졌을 때 일자리와 돈이 생긴다는 사실을 잊지 말자.

다만 제안에도 나름의 방법이 있고, 성공 확률을 높이는 노하우도 있다. 그 노하우는 바로 앞에서 제시한 벤다이어그램이다. 예전에는 채용 공고를 보고 그 조건에 나를 끼워 맞춰 지원을 했겠지만 이제는 그럴 필요가 없다. 나만의 목록을 활용해 나에게 딱 맞는 일의 형태를 먼저 정리한 후 비슷한 일자리를 찾으면 된다. 일자리를 찾는 건 똑같은데 그 순서를 조금 바꾼 것이다. 하지만 결과는 엄청 다르다. 성공 확률이 높아지는 이유는 나를 기준으로 두고 일자리를 찾는 것이기 때문이다. 이것이 내가 원하는 것과 정확한 방향성을 맞추는 제안의 정석이다.

벤다이어그램 활용법

할 수 있는 일 + 잘하는 일 + 하고 싶은 일 = 글쓰기 → 작가

내 벤다이어그램 따르면 나는 글쓰기를 바탕으로 새로운 직업을 가져야 했다. 글쓰기와 연결 지어 생각할 수 있는 직업은 '작가'였다. 퇴사를 하기 전에 첫 책을 출간했고, 세계 여행에서 돌아와 두 번째 책을 내기도 했지만 솔직히 나는 작가라는 직업을 깊이 생각해 보지 않았다. 그러나 나의 벤다이어그램을 통해 글쓰기에 진지한 마음이 있다는 걸 알게 되자 이때부터 나의 첫 번째 직업은 '작가'가 되었다.

처음 책을 내겠다고 생각했을 때의 나는 책 출간에 대해 아는 게 하나도 없었다. 우리나라에 출판사가 얼마나 있는지도 몰랐고, 책 원고를 어떤 식으로 쓰는지도 몰랐다. 당연히 나에게 책을 내자고 먼저 말한 사람도 없었다. 이런 상황에서 나는 하고 싶다는 마음 하나만으로 조금씩 움직여 보았다.

우선 책 출간의 기본이 되는 원고부터 썼다. 어떤 글을 쓸까 고민하다가 경제적 독립을 위해 노력한 경험을 써 보기로 했다. 책의 목차는 어떻게 쓰는지, 내가 구성한 목차가 책의 형태를 갖추긴 한 건지, 내가 쓰고 있는 원고가 책이라고 불러도 될 정도인지 스스로를 의심하는 날이 많았다. 한 번도 본 적 없는 코끼리를 오직 내 생각에만 의지해 그려 가는 기분이었다.

글쓰기의 진도도 지지부진했다. 회사에 다닐 때라 여기에 많은 시간을 할애할 수 없었다. 데드라인이 있는 방송 원고를 쓸 때와 달리 오직 내 의지 하나만으로 글을 쓰는 환경도 낯설었다. 특단의 대책이 필요했다. 두 가지의 해결책을 생각했다. 글쓰기 연습을 위한 필사와 내 나름의 데드라인을 정하는 것이었다.

책 한 권 분량의 원고는 단행본 기준으로 한글 파일 문서 100장 정도에 해당한다. 기본 10포인트에 줄 간격을 하나도 건드리지 않은 상태에서 말이다. 책에 따라 다르긴 하지만 어쨌든 상당한 양의 원고를 써야 한다. 갑자기 많은 양의 원고를 쓴다는 게 말처럼 쉽지 않았다. 그래서 일단 글쓰기 연습을 위해 마음에 드는 책을 한 권 골라 통째로 베껴 썼다.

필사를 하며 책 한 권을 아주 자세히 들여다보니 책의 목차나 이야기의 흐름이 조금씩 눈에 들어왔다. 스스로에 대한 의심이 조금씩 줄어들었다. 또한 글쓰기에도 속도가 붙어 원고의 양이 제법 쌓이기 시작했다.

필사를 마칠 때쯤엔 데드라인을 정했다. 조금씩 더위가 느껴지기 시작한 늦은 봄이었는데, 무슨 일이 있어도 같은 해 12월 말까지는 책 출간 계약을 하겠다고 마음먹었다. 내가 결심한다고 그 일이 무조건 이뤄진다는 보장은 없지만, 그래도 언제까지 무엇을 하겠다는 구체적인 계획이 서자 원고 쓰기가 꾸준히 이뤄졌다. 적어도 내가 원고를 제때 쓰지 못해 중단되는 일은 없어야 했다.

전체 원고의 절반 정도를 썼을 때 출판사에 투고를 시작했다. 책장에 있는 책들을 살펴보며 출판사의 이름을 확인했다. 이름을 들어본 적이 있는 출판사 위주로 홈페이지에 들어가 보니 원고 투고 방법을 쉽게 찾을 수 있었다. 어떤 곳은 이메일 주소를 공개하기도 했고, 또 어떤 곳은 파일을 올릴 수 있는 게시판이 있었다. 그렇게 나는 절반 분량의 원고를 출판사에 전하기 시작했다. 단, 출판사도 많이 바쁠 테니 수십 장짜리 원고만 덜렁 보내지 않고 간략한 '제안서'를 따로 작성해 첨부했다.

말이 좋아 제안서지 특별한 양식도 없었다. 그저 편집자가 잠깐 훑어보더라도 어떤 내용인지 파악할 수 있게 만들었다. 나는 어떤 사람인지, 내가 쓴 원고의 주제는 무엇인지, 어떤 콘셉트를 가지고 있는지, 어떤 독자를 대상으로 하는지, 기존에 출간된 책들과 어떤 차별점이 있는지, 목차는 어떻게 구성되어 있는지를 최대한 간결하게 담아내려 노력했다.

여기까지는 비교적 순조로웠다. 처음 써 보는 제안서도 어려웠고, 원고 투고 과정이 긴장되긴 했지만 내가 그만두지만 않는다면 얼마든지 할 수 있는 일이었다. 문제는 그 이후였다. 나는 출판사에서 답이 올 때까지 아무것도 하지 못하고 기다렸다. 먼저 보낸 곳에서 거절의 답이 와야 다른 출판사에도 원고를 보낼 수 있다고 생각했기 때문이다. 처음부터 여러 출판사에 보냈는데 여러 곳에서 동시에 계약을 하자고 하면 어쩌나 걱정스러웠다. 정말 쓸데없는 걱정이었다. 내 원고는 여기저기서 거절당하기 바빴다. 투고 초반에 순차적으로 답을 기다리던 나는 나중에는 하루에 몇 군데씩 원고를 보냈다. 그래도 긍정적인 대답을 듣기가 어려웠다.

시간은 흐르고 흘러 내가 데드라인으로 정한 12월이 되었다. 나와의 약속을 지키기 위해서는 그달 안으로 꼭 계약을 해야 했다. 그러던 어느 날, 한 출판사로부터 답신이 왔다. 그 메일에는 거절의 답변에 이어 내 원고와 어울리는 출판사를 추천하는 내용이 들어 있었다. 나는 그 조언대로 추천받은 출판사에 원고를 보냈고, 정말 놀랍게도 며칠 지나지 않아 기적적으로 그 출판사와 계약을 했다. 그때가 12월 28일이었다.

그로부터 반년이 지난 다음 《적게 벌어도 잘사는 여자의 습관》이라는 나의 첫 번째 책이 세상에 나올 수 있었다. 나는 그 책이 나오고 3개월 뒤에 1년간의 세계 여행을 떠났고, 귀국한 지 10개월 후에는 두 번째 책인 《나는 더 이상 여행을 미루지 않기로 했다》를 출간했다.

두 번째 책을 쓸 때까지도 내가 계속 책을 쓰는 작가가 될 거란 생각은 하지 못했다. 계속 책을 쓰는 작가가 된다면 당연히 좋겠지만, 벤다이어그램을 만들기 전이라 그것이 내가 진정으로 원하는 일인지 파악하지 못했다. 그런데 정말 신기하게도 작가가 되겠다는 결심을 하자 여러 출판사로부터 출간 제의가 들어오기 시작했다. 맨땅에 헤딩하는 마음으로 원고 투고를 하던 내가 역으로 제안을 받는 입장이 된 것이다. 첫 책도 계약 시기를 정하자 그 꿈이 이루어졌고, 작가라는 직업도 내가 본격적으로 마음을 먹은 상태에서 자연스럽게 시작되었다. 역시 내가 원하는 게 무엇인지 확실히 아는 것은 정말 중요한 일이었다.

회사로부터의 독립 6년차에 다섯 번째 책인 이 원고를 쓰는 지금, 나는 먼저 '제안'을 한 행동이 모든 일의 시작이라고 굳게 믿고 있다. 만약 벤다이어그램을 통해 작가가 되고 싶다는 결론이 나왔다면 주저하지 말고 '제안'을 해 보자. 원고를 쓰고 그 원고를 보여 주면 된다. 정말 그게 끝이다. 요즘에는 작가로 데뷔할 수 있는 플랫폼도

무척 많아졌다. 블로그뿐만 아니라 다음카카오의 브런치나 자신의 SNS에 글을 올리기도 한다. 그 내용이 많은 사람들의 공감을 얻어 책으로 출간되는 경우도 많다. 김보통 작가도 대기업 회사원으로 살다가 퇴사 후에 웹툰 작가가 되었다. 웹툰을 어떻게 그리는지도 몰랐지만 일단 한 번 해 봤다고 한다. 하나씩 장애물을 넘다 보니 어느새 수많은 팬을 거느린 작가가 되었다. 이제 그는 그림만이 아니라 수필집을 출간한 작가이기도 하다. 그에게도 제안은 하나씩 알아 가면서, 물어 가면서 해결하는 과정이었던 것이다.

제안 노하우 1.
새로운 문을 여는 일에 두려워하지 말 것

낯선 상대에게 제안을 하는 게 말처럼 쉬운 일은 아니다. 분명 두려움이 존재한다. 크게 두 가지이다. 첫째는 '무지'에 대한 두려움, 둘째는 '거절'에 대한 두려움이다.

어차피 이 세상 모든 것들을 다 알 수는 없는 노릇이다. 모르는 일은 하나씩 알아 가면 그만이다. 나도 책을 어떻게 내는지 정말 하나도 몰랐다. 하지만 원고를 쓰고 출판사를 파악하고 출판사마다 알려주는 원고 투고 과정을 거치니 조금씩 방법이 보였다. 내가 모르는 걸 한꺼번에 전부 알고자 애쓰는 대신 한 번에 하나씩만 해결한다고 생각하니 낯선 일도 의외로 만만하게 느껴졌다.

두 번째 두려움인 거절도 조금만 생각해 보면 별거 아니다. 나도 싫은 게 있듯 내 제안을 받은 사람도 그럴 것이다. 세상 모든 사람들이 전부 나를 좋아할 수 없다. 당연히 내 제안도 모두가 좋아하며 수락할 수는 없다. 그 거절을 엄청난 충격으로 받아들일 필요가 없다. 짬뽕을 먹으러 가자는 친구의 제안을 거절하고 내가 진짜 먹고 싶은 피자를 먹는 것이라고 생각하면 된다. 다행히 이 세상엔 나처럼 그 순간에 피자를 먹고 싶은 사람이 몇몇 있기 마련이다. 그렇게 나와 코드가 맞는 사람이 나타날 때까지 제안을 한다고 생각해 보자.

그런데 내가 진짜 원하는 일을 제안하기 시작하면 거절을 당하는 일은 의외로 많지 않다. 내가 무엇을 하고 싶은지 그 누구보다 확실하게 알고 있기 때문이다. 해 볼까 말까 찔러보는 게 아니라 정말 하고 싶다는 간절함이 상대에게도 느껴지기 때문이다.

실제로 제안을 하다 보면 나의 간절함을 느낀 사람들이 도움이 될 만한 정보를 알려 주기도 한다. "나는 함께할 수 없지만 여기라면 괜찮을 거야!" 하는 것이다. 나도 원고 투고를 계속한 덕분에 내 원고와 성격이 맞는 출판사를 추천받지 않았던가. 그런 도움을 받을 수 있는 것도 내가 먼저 제안을 해야 가능해진다.

모든 일의 시작은 내가 먼저 움직이는 것이다. 새로운 문을 두드리는 일에 두려움을 느낄 필요가 없다. 내가 어떤 문을 두드리는지 알고 있는 것만으로도 충분하다. 문 너머에 있는 사람은 어떤 식으로든 반응을 보일 것이다. 그 대답이 처음부터 '예스'가 아니어도 크게 실망하지 말자. 문을 두드리는 것만으로도 다른 그 누구보다 다양한 대답을 듣게 될 것이다.

할 수 있는 일 + 잘하는 일 + 하고 싶은 일 = 글쓰기 → 칼럼니스트

나의 핵심 역량을 글쓰기로 정한 뒤에 정한 첫 번째 직업은 책을 쓰는 작가였다. 하지만 책은 호흡이 너무 길다. 글쓰기 중에서도 호흡이 짧은 일을 같이하면 좋겠다고 생각했다. 그게 바로 칼럼니스트였다.

일주일에 한 번씩 정기적으로 짤막한 글을 연재할 수 있다면 정말 좋을 것 같았다. 나는 첫 책의 콘텐츠인 생활 재테크 칼럼을 쓰고 싶었다. 어디에 내 칼럼을 연재할 수 있을까 틈만 나면 생각했다. 미용실에 있는 잡지를 보면서도, 카페에 꽂혀 있는 얇은 간행물을 보면서도 생각했다. 그런 매체의 대표 전화번호나 홈페이지 주소를 따로 메모하기도 했다.

그러던 어느 날 정말 우연처럼 기회가 찾아왔다. 책을 출간한 후 종종 잡지사의 인터뷰 요청을 받곤 했는데, 그중 《코스모폴리탄》에서 인터뷰 제안이 들어왔다. 사실 대부분의 잡지 인터뷰는 돈을 받는 것도 아니고 사진 촬영도 해야 해서 시간이 은근히 많이 걸린다. 책 홍보를 생각하면 좋은 면도 있지만, 아직까지 드라마틱한 홍보 효과를 본 적은 없다. 나는 인터뷰를 한 후 자연스럽게 칼럼 연재 제안을 해 보고 싶어 선뜻 응했다. 제안을 해 볼 수 있는 그 기회가 정말 소중하게 느껴졌다.

인터뷰 당일 기자의 질문에 대답을 모두 마친 후 자연스럽게 칼럼에 대한 이야기를 꺼냈다. 《코스모폴리탄》은 외부 필진 운영을 어떻게 하는지, 재테크 관련 칼럼에 관심이 있는지, 혹시 나를 필진으로 생각해 줄 수 있는지 물어보았다. 생각보다 호의적인 반응이 돌아왔다. 기자는 어떤 내용의 칼럼을 연재하고 싶은지 몇 개의 주제를 담은 목차를 보내 주면 상사에게 보고를 해 보겠다고 했다. 나는 이미 칼럼 연재를 제안하기 위해 만들어 둔 소재 목록이 있었기에 집에 오자마자 이메일을 보냈다.

며칠 후 그 기자에게 연락이 왔다. 내가 제안한 칼럼을 연재하기로 결정했다는 것이었다. 글쓰기의 영역에서 또 다른 직업이 생긴 순간이었다. 내가 원하는 일자리를 미리 생각해 둔 것, 적당한 곳에 제안을 하기 위해 관련 내용을 준비해 둔 것 그리고 혹시 모를 기회를 그냥 지나치지 않은 것이 결실을 맺은 것 같아 정말 기뻤다. 그렇게 나는 《코스모폴리탄》의 웹 블로그에 '돈 걱정하는 여성들을 위한 처방전'이라는 이름으로 생활 재테크 관련 칼럼을 2년 동안 연재했다.

칼럼니스트 활동을 시작한 이후 나는 온라인 글쓰기 분야에 눈을 뜨게 되었다. 내가 놓치고 있는 또 다른 기회는 없는지 찾고 또 찾았다. 그러다 우연히 '네이버 포스트'라는 서비스를 알게 되었다. 네이버 블로그가 일상의 글쓰기라면 네이버 포스트는 전문 영역의 글쓰기라고 했다. 온라인 글쓰기 플랫폼은 네이버 포스트 말고도 더 있지만 내가 굳이 네이버 포스트를 선택한 이유는 돈 때문이었다.

네이버 포스트를 알게 된 시점은 '스타에디터 2기'를 모집하는 기간이었다. 육아, 여행, 취미, 짠테크 등 여러 분야에서 스타에디터를 뽑고 있었는데, 스타에디터로 선정되면 6개월 동안 원고료를 지급 받았다. 많은 금액은 아니었지만 엄연히 온라인 글쓰기로 돈을 벌 수 있는 일이었다. 나는 네이버 포스트의 짠테크 스타에디터에 곧바로 지원했고, 운 좋게 선발되어 6개월 동안 원고료를 받을 수 있었다.

사실 나는 SNS도 거의 하지 않던 사람이었다. 인스타그램도, 페이스북도 어렵게 느껴지는 데다 인터넷 카페에 글 한 번 제대로 써 본 적이 없었다. 그랬던 내가 벤다이어그램을 통해 글쓰기를 하고 싶어 한다는 걸 알고 난 후에는 아주 작은 기회라도 내가 들어갈 틈이 있는지 살피는 게 일상처럼 자연스러워졌다. '그냥' 하는 것과 '확신'을 갖고 하는 것의 차이는 상당했다.

제안 노하우 2. 작은 기회를 큰 기회로 성장시키기

무언가를 꾸준히 한다는 건 결코 쉬운 일은 아니다. 더구나 주 1회 칼럼 연재는 매주 마감의 고통도 안겨다 준다. 그렇다고 원고료가 많은 것도 아니다. 그럼에도 나에게 칼럼 연재는 아주 작은 기회라도 감사한 일이었다. 방송만 해 왔던 나에게 글쓰기로 돈을 버는 일은 그야말로 미지의 세계였다. 얼마를 받느냐보다 중요한 건 기회였다.

나는 그 작은 기회들을 잡고 난 후 만족하지 않았다. 이 작은 기회를 보다 더 큰 기회로 만들고 싶었다. 작은 기회들이 모여 큰 기회로 이어지는 법이다. 그렇기에 작은 기회도 소중히 여길 수 있었고 그 기회들을 차근차근 밟아 가며 더 큰 기회를 잡기 위해 새로운 제안을 하곤 했다. 다음 기회로 넘어갈 때는 조금이라도 이전보다 나은 조건을 만들고자 했다.

회사에 다닐 때는 급여가 정해져 있고 급여 인상도 내가 정하는 게 아니었다. 그러다 보니 스스로 몸값을 설계한다는 느낌이 들지 않았다. 하지만 회사로부터 독립을 하면 내가 받을 돈의 기준을 직접 정해야 한다. 상대방이 제시한 금액이 마음에 들지 않으면 협상을 하거나 거절도 해야 하는데, 이때 미리 정해 둔 나만의 기준이 없다면 그런 대화를 나누기가 쉽지 않다. 게다가 그 기준을 매년 인상하는 것도 생각해 봐야 한다. 이러한 단계를 밟기 위해서는 최초의 작은 기회가 얼마나 중요한지 모른다. 모든 시작은 그 작은 기회에서 비롯되기 때문이다.

그 작은 기회를 적절히 사용한 사례는 주변에서도 쉽게 찾아볼 수 있다. 고양이 그림으로 유명한 '스노우캣' 작가는 자신의 블로그에 일기처럼 그림을 연재하다 자신의 그림으로 된 캐릭터를 만들게 되었다. 스노우캣 캐릭터로 매년 다이어리도 만들고, 책도 출간하고, 그림 주문도 받는다. 외주 일은 말할 것도 없다. 페이스북과 인스타그램에서 난리가 났던 웹툰 '며느라기'를 그린 수신지 작가 역시 특정 매체가 아닌 자신의 SNS를 활용했다. 사람들 사이에 입소문이 나자 금세 책으로 출간되었고, 뉴스와 신문 등에도 오르내리게 되었다. 이 밖에도 엄마와의 세계 여행 이야기를 블로그에 올려 유명해진 태원준 작가도 있다. 블로그에 연재한 여행기로 그는 인기 작가가 되었을 뿐만 아니라 방송 출연과 전국 강연까지 하기에 이르렀다.

작은 기회를 소중히 여기고 그 안에서 꾸준히 성장한다면, 큰 기회는 분명 만날 수 있을 것이라고 생각한다. 작은 기회를 마냥 작게만 보지 않는다면 말이다.

나는 지금도 계속 새로운 기회를 잡기 위해 내가 할 수 있는 제안이 없을까 고민한다. 이미 잡은 작은 기회도 어떻게 하면 보다 더 큰 기회로 만들 수 있을까 생각한다. 이 과정이 꾸준히 반복될수록 나는 점점 더 미래의 돈을 여유롭게 바라볼 수 있는 사람이 될 것이다.

그리고 그렇게 되기 위해 앞으로도 이 과정을 쭉 즐길 예정이다.

할 수 있는 일 + 하고 싶은 일 = 스피치 + 강연 → 강사

나는 내가 가진 콘텐츠와 경험, 스토리 등을 알리고 공유하는 일이 하고 싶었다. 말하기와 강연 등의 조합을 거쳐 강사가 되면 좋을 것 같았다. 내가 가진 콘텐츠를 정리한 후 내가 강연을 할 수 있는 곳은 어디인지 찾아보면서 제안하는 과정이 필요했다.

먼저 어떤 내용으로 강연을 할 수 있을지 정리해 보았다. 내게는 오랫동안 방송을 했던 경험과 아나운서 지망생들을 가르친 경력을 바탕으로 스피치, 말하기 관련 콘텐츠가 있었다. 여러 권의 재테크 책을 쓴 내용 역시 강연으로 전달할 수 있을 것 같았고, 세계 여행과 그 이후의 변화된 삶도 많은 사람들이 궁금해하는 이야기라고 생각했다. 이 외에도 일반 독자 입장이었다가 책을 쓰는 작가가 되었기에 글쓰기, 책 쓰기 등의 내용도 괜찮을 것 같았다. 그렇게 나는 말하기, 글쓰기, 돈 관리, 세계 여행 등의 콘텐츠를 정리해 보았다. 그 다음에는 그 내용과 잘 어울리는 곳을 찾아 나를 소개하는 일이 이어져야 했다. 확실한 목표 의식을 갖고 생활하다 보니 필요한 정보가 눈에 들어오기 시작했다.

어느 날 페이스북에서 우연히 '퇴사학교'라는 곳을 보게 되었다. 회사 밖 독립을 주장하는 나의 호기심을 자극하는 이름이었다. 홈페이지에 들어가 보니 무작정 퇴사하지 말고, 감정적인 퇴사 대신 자신에게 맞는 준비를 한 후 퇴사를 하라고 말하는 곳이었다.

강의 커리큘럼을 살펴보니 퇴사학교에는 '돈 관리' 수업이 없었다. 퇴사를 하고 싶어 하는 사람들이 많이 고민하는 문제는 바로 '돈'이 아니던가. 경제적인 걱정만 줄어도 하고 싶은 일에 도전하는 일이 더 수월해진다. 그런 의미에서 '직장인의 돈 관리' 수업이 퇴사학교에 있다면 참 좋을 것 같았다. 나는 망설이지 않고 퇴사학교의 홈페이지에서 찾은 대표 이메일로 돈 관리 수업에 관한 제안서를 보냈다. 왜 퇴사학교에 돈 관리 수업이 필요한지, 그 수업에 내가 왜 적합한지, 어떤 커리큘럼으로 수업을 진행할지 등의 내용을 썼다. 얼마 후 퇴사학교에서 연락이 왔고, 나는 퇴사학교에서 '직장인의 똑똑한 돈 관리' 수업을 진행하는 강사가 되었다.

벤다이어그램을 통해 나에게 어울리는 직업을 설정하고 관련 콘텐츠 정리, 제안, 강의 개설까지 생각보다 일이 수월하게 흘러갔다. 방향성을 명확히 설정한 덕분이었다. 이미 충분히 만족스러운 상황이었다. 그런데 정말 신기하게도 내가 바라는 일이 또 일어났다. 내가 정리해둔 다른 콘텐츠의 수업들을 점차 실행할 수 있게 된 것이었다. 나는 세계 여행 이후의 먹고 사는 문제를 이야기하는 '나는 더 이상 여행을 미루지 않기로 했다' 과정과 아나운서라는 경력을 살린 '말하기' 관련 강의도 한다. 기업, 기관, 단체 등에 내가 먼저 제안을 하기도 하고 때로는 섭외를 받기도 하며 내가 직접 클래스를 운영하기도 한다. 이 모든 것들이 내가 미리 정해둔 콘텐츠 안에서 이뤄졌다는 게 참 신기했다.

탐색을 통해 내가 진짜 하고 싶은 일을 찾아 올바른 순서에 맞게 접근한 것, 처음부터 나만의 콘텐츠를 제대로 정리한 것, 내 콘텐츠와 어울리는 적절한 곳을 찾아 나선 것, 머뭇거리지 않고 내가 먼저 과감하게 제안한 것 등이 어우러지면 하나의 직업이 생겨났다. 그것도 내가 가장 원하는 방식으로 말이다. 탐색으로 시작해서 제안이라는 행동으로 마무리를 하니 그 결실이 맺어진 것이다.

나는 이제 내 콘텐츠를 더 늘리고 넓히는 고민을 하는 중이다. 회사로부터 독립을 하며 내가 경험하고 깨달은 것들을 통해 '자아 탐색', '은퇴 설계', 거절을 두려워하지 않고 먼저 손을 내미는 '제안의 기술' 등도 나의 새로운 콘텐츠가 될 수 있을 것 같다. 내가 하고 싶은 일을 바탕으로 차차 일자리를 늘려 가는 선순환 모델은 결국 내가 먼저 '제안'하는 데에서 비롯된다고 생각한다.

제안 노하우 3. 내 목소리를 가장 크게 키우기

은유 작가가 자신의 SNS에 이런 말을 한 적이 있다. "글쓰기는 의심하는 일이고, 강연은 확신하는(것을 주장하는) 일이다."

회사를 벗어나 새로운 수입을 만들고자 하는 이들에게 의심과 확신은 세트처럼 붙어 다니는 존재와도 같은데, 은유 작가의 말이 딱 맞지 않나 싶다. 내가 하고 싶은 일이 무엇인지 탐색하는 시기에는 의심을 많이 하게 되고, 나름의 답을 찾은 이후에는 확신에 찬 제안을 해야 하기 때문이다.

의심을 거두고 확신을 갖는 일은 정말 어렵다. 끝내 나름의 확신을 구하지 못하면 의심만 하다가 제안다운 제안을 하기도 전에 그 일을 접기도 한다. 의심을 통해 냉정한 답을 찾는 것도 중요하지만 어느 정도 고민을 했다면 이를 실행으로 옮기는 확신을 표현할 줄도 알아야 한다. 그 표현이 바로 스스로 일자리를 만드는 제안이다.

확신을 바탕으로 한 제안을 보다 수월하게 하는 방법이 있다. 그건 바로 '내 목소리를 가장 크게 키우는 것'이다. 누가 뭐라 하건 내가 정말 원하는 게 무엇인지를 알려 주는 내 안의 목소리를 찾아 볼륨을 최대치로 높여 보자. 의심이 조금씩 사라지고 그토록 찾아 헤매던 확신이 서서히 생기기 시작할 것이다. 내 목소리를 크게 키우는 일이 최적의 해법이라고 자신 있게 말하는 건 내가 직접 그 효과를 경험했기 때문이다.

내가 강사로 활동을 시작하려 할 때 한 인기 강사가 나에게 여러 콘텐츠를 다 끌어안으려 하지 말고 대표되는 딱 하나의 주제를 먼저 가꿔야 한다고 조언한 적이 있다. 그가 진단한 내 문제는 명확한 나만의 색이 없다는 것이었다. 방송을 해 왔던 경력(아나운서), 책을 출간한 이력(작가), 그런데 그 책이 재테크 내용이라는 점(재테크 분야), 회사를 떠나 1년간 세계 여행을 다녀왔다는 경험(여행) 등의 콘텐츠가 혼란스럽게 느껴진다고 했다. 어떤 분야에서 누군가를 섭외하려면 상징적인 콘텐츠가 있어야 하는데 '정은길' 하면 어떤 콘텐츠를 떠올려야 하는지 감이 오지 않는다고 말이다. 그는 이것이 약점이라고 말했다.

나는 한동안 고민에 빠졌다. 아무리 생각해도 무엇을 버려야 할지 선택할 수가 없었다. 제각각의 콘텐츠라 하더라도 전부 내가 좋아서 한 일이다. 무엇 하나 억지로 떼어 내기가 어려웠다. 정리하기는커녕 오히려 더 깊게, 더 오래, 더 열심히 하고 싶은 일들뿐이었다.

그래서 나는 그의 조언과 정반대의 결론을 내렸다. 그 모든 걸 다 끌어안기로 한 것이다. 누군가는 방송이나 스피치, 누군가는 재테크, 누군가는 글이나 책 쓰기, 또 누군가는 여행을 주제로 강연을 할 수 있다. 하지만 이것들을 전부 경험한 후 이야기할 수 있는 사람이 얼마나 될까? 오히려 더 드물지 않을까? 내가 그 드문 사례가 되면 좋지 않을까 싶었다. 그게 진짜 내 목소리였다.

그 결과 나는 필요에 따라 내 콘텐츠들을 오가며 여러 강연을 할 수 있는 사람이 되었다. 자칫 약점일 수 있던 점을 부각시키자 더 다양한 기회가 생겼다. 어떤 기업이나 기관에서는 나를 섭외할 때 한 타임은 재테크, 다른 타임은 스피치 강의를 요청하기도 한다. 한 번 출강에 두 개 이상의 강연을 맡게 되는 식이다. 내 목소리에 귀를 기울인 결과가 좋게 나타나는 것 같아 아주 만족스럽다.

자신의 목소리를 따라 만족스러운 삶을 설계하는 이들은 많다. 일례로 책을 편집하는 아내와 책을 홍보하는 마케터 남편이 만든 맥주 보틀숍이 있다. 그들은 책만큼이나 맥주를 좋아하는 소위 맥주 덕후였는데, 혼자 좋아하고 마시는 데서 그치지 않고 이걸 팔아 보면 어떨까 싶어 결국 맥주 보틀숍을 차리게 되었다고 한다. 특색 있는 가게 콘셉트와 더불어 마케터 출신의 남편이 홍보를 기가 막히게 해서인지 그들의 공간은 많은 사람들로부터 사랑을 받고 있다.

어린 나이에 장사를 하겠다고 결심한 싱글 여성들도 있다. 장사로 경제적 자유와 삶의 주인이 되는 길을 선택한 뜸부기 님, 장사로 은퇴를 준비하고 싶은 직장인 파이 님, 장사로 새로운 인생을 설계하고 싶은 허피디 님은 함께 의기투합해 팟캐스트 전문 스튜디오인 '단팟 스튜디오'를 창업했다. 이들은 이미 왕장사라는 이름의 팟캐스트를 3년째 진행하고 있으며 《골목부자 월1천만원 장사왕》이라는 책을 출간하기도 했다. 자신의 진짜 목소리를 귀담아듣고 그 일을 시작해서인지 단팟 스튜디오는 최근 홍대 1호점을 궤도에 올린 후 사당 2호점을 오픈하기도 했다. 또한 뜸부기 님은 다음 10년을 위해 잠시 쉬면서 다양한 경험을 하고 있고, 허피디 님은 혼자 운영하는 온라인 쇼핑몰의 사장님이 되었으며, 파이 님 역시 월급쟁이 생활을 서서히 정리하고 있다.

결국 '닭이 먼저냐, 달걀이 먼저냐'의 문제 같긴 하지만 진정 원하는 일을 할 때 경제적 안정이 더 탄탄하게 다져지는 게 아닌가 싶다. 그 누구도 내 목소리를 먼저 알아채 주지 않는다. 내가 세심히 들어주고 가꿔 줘야 한다. 그러면 내 미래의 돈도 그리 멀지 않은 곳에서 나를 기다리고 있을 것이다.

할 수 있는 일 + 잘하는 일 + 하고 싶은 일 = 방송 → 1인 미디어

나는 어렸을 때부터 방송이 하고 싶었다. 학교 성적이 떨어져도 교내 방송국 활동을 계속할 정도로 좋아했고, 진짜 아나운서가 되었을 땐 주말 방송 때문에 5년 이상 주말 근무를 하는 것도 괜찮았다. 정말 좋아하는 일이 아니었다면 남들 쉴 때 더 바쁜 방송국 스케줄을 이해하지 못했을 것이다.

세계 여행에서 돌아온 이후 방송을 아예 안 했던 건 아니다. 2017년에는 〈SBS 생활경제〉에서 '알짜배기 돈의 법칙'이라는 코너 MC를 맡기도 했고, 1년이 조금 넘는 기간 동안 국방FM에서 '정은길의 늘 푸른 경제 교실'과 같은 라디오 코너를 진행하기도 했다.

나는 할 수만 있다면 방송을 오래도록 하고 싶다. 다만 꼭 방송국에서 하는 방송만 말하는 건 아니다. "내가 직접 방송을 하면 어떨까?", "내가 혼자 방송을 한다면 무슨 내용으로 할 수 있을까?" 하는 생각들이 벤다이어그램을 만든 이후부터 조금씩 마음속에서 번져 가고 있었다.

그렇게 내가 원하는 방향을 발견한 상태에서 어느 날 네이버 오디오클립이라는 새로운 서비스를 접하게 되었다. 오디오클립은 팟캐스트와 비슷한 1인 미디어 채널인데 라디오 진행을 오랫동안 해 본 나로서는 좋은 기회가 아닐 수 없었다. 나는 '말'을 하는 아나운서이자 '돈'이라는 콘텐츠로 '글'을 쓰는 작가가 아니던가. 이 세 가지 키워드가 삶에 필요한 중요한 습관이라는 생각이 들어 돈과 말과 글에 관련한 책을 선정하고 해당 책 관계자와 인터뷰를 하겠다는 내용을 담아 오디오클립 측에 제안서를 보냈다.

나는 제안서를 통해 채널 이름과 기획 의도, 섭외 예상 도서 목록, 그 도서와 관련한 출연자 목록, 기대 효과 등을 최대한 간결하게 전달하려 했다. 얼마 후 네이버로부터 오디오클립 채널을 개설해 운영해도 좋다는 답을 들었다. 그렇게 '정은길 아나운서의 돈.말.글'이 탄생했다.

여기까지 이야기를 들으면 내가 의도한 대로 일이 잘 풀린 것처럼 느껴지겠지만, 해결해야 할 문제는 이때부터가 시작이었다. 나는 1인 방송에 대해 아는 게 하나도 없었다. 어떤 장비로 녹음을 해야 하는

지, 녹음 후엔 어떤 프로그램을 써서 편집을 해야 하는지 막막하기만 했다. 차근차근 1인 방송을 준비해 보려고 했는데 뜻하지 않게 기회를 너무 빨리 발견해 버린 것이 문제였다.

내가 모르는 부분을 다 배우고 난 후 제안을 하면 기회가 사라져 버릴 것 같았다. 아무것도 아는 게 없었지만 이번 기회를 놓치면 안 될 것 같아 무조건 할 수 있다는 의지를 표현하며 제안서를 제출했다. 정해진 기한 내에 1회를 업로드해야 해서 그야말로 발등에 불이 떨어진 상황이었다. 책을 골라야 했고 그 책 관계자를 섭외해야 했다. 그 사람과 함께 녹음할 장비와 공간이 필요했고 녹음 파일을 편집하는 시스템도 알아야 했다. 계약까지 한 이상 이 모든 미션을 제대로 해내야 했다.

우선 서점에 가서 돈, 말, 글과 관련한 책들을 훑어보기 시작했다. 오디오클립에서 다루고 싶은 책을 골라 출판사에 무작정 섭외 전화를 했다. 거절하는 곳도 있었고 승낙하는 곳도 있었다. 섭외 문제는 그렇게 일일이 전화하는 것으로 해결했다. 그다음 문제는 녹음이었다. 나 혼자 진행하는 포맷이면 장비를 사서 하겠지만 출연자가 있기에 시간당 돈을 내고 빌리는 녹음 스튜디오를 이용하기로 했다. 다음 과제는 편집이었다. 오디오 파일을 어떤 프로그램으로 어떻게 편집할 수 있는지 인터넷 검색을 하며 하나씩 알아 갔다. 무료로 다운받아 이용할 수 있는 'Audacity'라는 프로그램을 알게 되었고, 직관적으로 클릭을 해 보며 기능을 익혔다. 불필요한 부분을 자르거나 볼륨을 조절하는 건 생각보다 어렵지 않았다. 배경 음악을 위해 트랙을 추가하는 것도 해 볼 만했다. 복병은 저작권으로부터 자유로운 음원을 구하는 것이었다. 내가 찾은 무료 음원은 '네이버 그라폴리오 마켓'이었다. 다행히 그라폴리오마켓에는 무료로 쓸 수 있는 음원이 여러 개 있었다.

이 글을 쓰고 있는 지금, '정은길 아나운서의 돈.말.글'은 운영한 지 1년이 넘은 상태다. 1인 방송에 대해 아무것도 모르던 내가 이제는 능숙하게 출연자를 섭외하고 질문지를 뽑고 녹음을 한 후 편집을 한다. 500개에 가까운 전체 오디오클립 채널 중에서 종합 8위를 차지하고 있으며 1만 8,000명 이상의 구독자가 애청하고 있다. 내가 제작한 오디오클립을 듣고 "도움 되는 이야기를 들을 수 있어 좋았다."는 청취 소감이 댓글로 달릴 때면 그렇게 뿌듯하고 즐거울 수가 없다. 게다가 매회 새로운 출연자와 녹음을 하는 덕분에 좋은 인연들도 많이 만날 수 있었다. 책을 쓴 저자를 비롯해 편집자, 마케터, 번역가, 감수자, 독자, 출판사 대표 등 다양한 사람들을 만나며 새로운 제안 기회를 여러 번 만들기도 했다. 내가 만약 오디오 콘텐츠를 어떻게 만드는지 모른다는 이유로 제안할 시도조차 안 했다면 이와 같은 새로운 일은 하나도 일어나지 않았을 것이다. 정말 하고 싶은 일이라면 제안 먼저 한 후 모르는 문제를 하나씩 해결해 가는 것도 하나의 방법이 될 수 있다는 걸 배운 소중한 경험이었다.

제안 노하우 4. 망설이지 않고 시작하는 힘

한 연예인이 인터뷰에서 이런 말을 한 적이 있다.

"저는 못 한다는 말을 안 해요. 그 말을 하는 게 정말 싫어요. 운전면허가 없을 때 누가 운전할 줄 아냐고 물어보면 저는 못 해도 할 줄 안다고 대답해요. 그리고 바로 운전면허를 따러 가요."

'못 한다'는 말을 하기 싫어 무조건 '할 줄 안다'고 대답한다던 그녀의 인터뷰를 보고 신선한 충격을 받았다. 그건 거짓말이 아닌가 싶었는데, 내가 그녀처럼 프리랜서가 되고 나니 일단 할 줄 안다고 대답하는 그 마음이 무엇이었을지 이해가 된다. '예스'라는 대답이 늘어날수록 그 대답에 책임을 지기 위해 진짜로 할 수 있는 일이 많아지는 걸 느낀다. 이것 역시 자신의 경쟁력을 쌓기 위한 하나의 방법이 될 수도 있겠다는 생각이 든다.

회사에 소속되어 있을 땐 '망설이지 않고 시작하는 힘'을 잘 몰랐다. 내가 먼저 나서서 움직이지 않아도 회사는 잘 돌아갔기 때문이다. 그러나 회사를 나오고 나니 무엇이든 '시작'을 해야 일이 성사된다는 걸 알게 되었다. 그 시작을 하기 위해서는 내 나름의 준비가 되어 있어야 하는데, 언제 준비가 끝나는지 그 시점을 알기가 어려웠다. '지금 시작하면 될까?', '이제 제안을 해 보면 될까?' 싶다가도 할까 말까 망설여질 때가 있었다.

그러나 벤다이어그램을 통해 진짜 하고 싶은 일을 확인하자 보다 과감한 제안이 가능해졌다. 다소 준비가 부족해도, 지금 당장은 아는 게 많지 않아도, 어떻게든 하고 싶은 마음이 나의 부족한 상태를 이길 수 있었다. 일단 시작하고, 부족한 부분은 약속한 시간 전까지 채우면 된다. 이것이 바로 '망설이지 않고 시작하는 힘'이다.

새로운 일을 시작할 때도 마찬가지다. 모든 게 준비된 후 시작하려는 마음으로는 죽을 때까지 시작하지 못한다. 완벽한 준비란 없기 때문이다. 오히려 부족한 상태에서 일단 시작하고 이를 보완하는 과정을 겪는 게 완성도를 높이는 데는 더 도움이 된다. 실제로 실행을 해 본 뒤에는 정말 필요한 게 무엇인지 제대로 알 수 있기 때문이다. 그렇게 발전하는 것이고, 그렇게 실력을 쌓는 것이라고 생각한다.

내가 오디오 콘텐츠 만드는 방법을 모른다는 이유로 오디오클립에 제안하지 않았을 수도 있다는 상상은 하고 싶지도 않다. 아마 그 기회를 그대로 놓쳐 버렸다면 나는 1인 방송을 시작하기는커녕 여전히 오디오 콘텐츠를 어떻게 만드는지도 모를 가능성이 크다. 아예 과감하게 내지른 덕분에 그 뒷감당을 하느라 할 수 있는 일이 더 많아진 것 같다. 그리고 그 덕분에 나는 이제 유튜브 등 동영상 제작도 시도

해 볼 수 있게 되었다.

내 주위에도 이런 식으로 일을 늘리는 사람이 있다. 퇴사학교에서 '에버노트' 관련 강의를 하는 서민규 선생님이다. 그는 에버노트 사용법을 정리해 '메모의 중요성'과 나만의 '콘텐츠 활용법'을 강의한다. 완벽하게 준비를 마치고 나서 시작한다기보다는 매순간 최선을 다해 준비하며 점점 발전해 왔다. 그는 이제 에버노트 관련 전자책을 두 권이나 출간한 저자가 되었다. 전자책 분야에서는 꽤 높은 순위를 기록했는데 책 내용 역시 그의 발전과 궤도를 같이한다. 그는 여기서 멈추지 않았다. 이제는 전자책 전문 출판사를 창업해 새로운 도전을 하고 있다. 완벽한 준비가 아닌 '하고 싶다'는 열정으로 시작한 일이었고, 출판사의 발전을 위해 하나씩 차근차근 즐거운 노력을 이어 가고 있는 중이다.

일에는 타이밍이라는 게 있다. 내가 망설이고 쭈뼛거리느라 좋은 기회를 놓치는 것처럼 바보 같은 일도 없다. 조직으로부터 독립해 스스로의 힘으로 삶을 개척한 이들 중에는 망설이지 않고 그냥 바로 시작한 경우가 정말 많다. 내가 망설이는 동안 다른 사람들은 이미 무언가를 하고 있다. 내가 정말 하고 싶은 일이라면 일단 시작하고, 이를 보완해 나가는 방식을 취해 보자. 정말 놀랍도록 일의 진행 속도가 빨라지는 경험을 하게 될 것이다.

단, 책임감을 그 무엇보다 중요하게 생각해야 한다. 회사 밖에서의 나는 모든 일의 직접적인 책임자다. 회사 뒤로 숨을 수 없다. 평소 말이 앞서는 사람, 지키지도 못할 약속을 남발해 온 사람이라면 상당히 위험한 방법일 수 있다. 나의 책임감이 어느 정도인지, 평소보다 책임감을 충분히 발휘할 정도로 하고 싶은 일인지 여러 면에서 생각해 봐야 한다.

WORK TO DO!

- 벤다이어그램을 통해 조합한 일자리를 정리한 후 각각의 일자리마다 제안하고 싶은 내용을 정리해 보자.

어제의 거절이
오늘의 제안으로

"정은길 작가님이시죠?"

이런 전화는 참 반갑다. 나에게 일거리 제안을 하는 사람들이 이렇게 말문을 열기 때문이다.

사실 내가 먼저 손을 내미는 제안의 과정이 늘 즐겁기만 한 건 아니다. 거절을 당할 때마다, 아무것도 없는 백지에 제안서를 쓸 때마다 유난히 힘든 날이 있다. 게다가 이러한 제안을 언제까지고 반복해야 하나 싶은 생각이 들 때면 아무것도 안 하고 그저 쉬고만 싶은 날도 있다. 일종의 '제안 권태기'가 오는 것이다.

제안이란 대부분 처음 해 보는 일이다. 익숙하지 않은 낯선 일을 매번 새로 한다는 건 말처럼 쉽지 않다. 당연히 어렵고 긴장될 수밖에 없다. 나 역시 새로운 제안을 할 때마다, 낯선 사람들에게 내가 하고 싶은 일에 대해 이야기를 꺼낼 때마다 늘 편안하고 즐거웠던 것은 아니다. 때로는 피하고 싶고, 귀찮고, 그냥 넘어가고 싶기도 했다.

내가 이렇게 '제안'에 관한 솔직한 이야기를 하는 이유는 이쯤에서 전하고 싶은 좋은 소식이 있기 때문이다. 그건 바로 언제까지 제안만 하는 입장은 아니라는 사실이다. 모든 일에 일방통행이 없듯 일자리를 찾는 제안도 언제나 내 쪽에서만 구애하는 건 아니다. 독립 초기에는 무조건 내가 먼저 이야기를 꺼내야 하지만 어느 정도 시간이 흐르게 되면 나도 제안을 받는 입장이 된다.

나의 경우 여행 후 2년간의 보릿고개를 겪으며 나름대로 제안을 많이 해 봤다. 이 책에는 나의 제안이 받아들여지고 일자리로 연결된 이야기뿐이지만 실제로는 실패한 경우가 훨씬 더 많다. 그때마다 나는 '씨앗을 뿌리는 중'이라고 마음을 다잡았다. 내가 제안해 둔 씨앗들이 언제 다시 나에게 돌아올지 모른다고 생각했다.

그리고 정말 놀랍게도 독립 3년차에 접어들자 진짜 그런 일이 일어나기 시작했다. 지난날 내가 먼저 손을 내밀었던 다양한 제안의 씨앗들이 일자리가 되어 나타났다. 당연히 수입의 규모도 늘어났다. 당장의 일로 연결되지 않는다 하더라도 내가 제안한 것들은 의미 있는 '씨앗'이 맞다. 누군가는 나의 제안을 기억해 두었다가 그 일을 실행

할 때 나에게 연락을 하는 경우가 진짜 있기 때문이다.

내가 예전에 제안했다가 뒤늦게 성사된 일 중에 '대필' 작업이 있다. 책을 여러 권 출간한 경험과 글쓰기를 좋아하는 내 성향에 딱 맞는 일이 아닐까 싶어 알고 지내던 편집자에게 내가 먼저 제안을 했다. 방송을 하며 인터뷰를 많이 해 본 덕분에 책의 원저자와 이야기를 나누고 이를 책으로 옮겨 쓰는 작업을 재미있게 해 볼 수 있을 것 같았다. 내가 제안한 후 몇 개월이 지난 어느 날 한 출판사가 대필을 제안해 왔다. 내가 뿌려 둔 씨앗이 결실로 되돌아 온 것이었다. 그 제안을 받은 후 한동안 정말 열심히 작업을 했다. 처음 해 보는 일이었지만 인터뷰도, 책을 쓰는 일도 나에게는 익숙한 과정이었다. 내가 좋아하고 잘할 수 있는 두 가지 일을 엮어 새로운 일을 하는 건 즐거움 그 자체였다. 제안만 하던 내가 역으로 제안을 받았다는 것도 기뻤다.

제안을 받기 시작하면 일이 더욱 재미있어진다. 내가 했던 제안들이 의미 있는 행동이었다는 증명도 되고, 앞으로도 더 열심히 제안할 일들을 찾게 되는 원동력이 생긴다. 게다가 나를 찾는 사람들 덕분에 '내가 정말 일을 잘하고 있구나' 하는 안도감이 드는 것도 사실이다.

내가 원래 섭외를 많이 받았던 분야는 '행사'였다. 나는 문화체육관광부나 환경부 등 정부의 여러 공식 행사, 각종 자치단체별 주관

행사 등 다양한 행사를 진행해 왔다. 하지만 세계 여행을 다녀온 후 행사 섭외가 뜸해졌다. 서운한 마음은 들지 않았다. 나는 이제 더 이상 아나운서만은 아니기 때문이다. '아나운서 정은길'로 행사 진행 섭외를 받는 대신 '작가 정은길'로 섭외 연락이 온다. 이제야 비로소 내 일의 영역을 넓히며 독립을 했다는 생각이 든다.

제안을 받는 과정에서 꼭 하고 싶은 말이 하나 있다. 그건 바로 모든 섭외에 일일이 응할 필요는 없다는 것이다. 제안을 하던 입장에서 제안을 받기 시작하면 기분이 좋은 나머지 마음이 들뜨기 쉬운데, 이럴 때 현명한 판단을 하기가 어렵다. 제안을 해 준 상대에게 감사한 마음이 드는 건 당연하지만 그렇다고 그 제안들이 나에게 전부 적합한 것은 아닐 것이다.

제안을 받았을 경우 1차로 고려해야 할 것은 '내가 작성한 벤다이어그램과 맞닿아 있는 일인가' 하는 점이다. 좋은 조건으로 제안받은 일이라도 내가 할 수 있고, 잘하고, 좋아하는 일과 결이 다르면 곤란하다. 괜한 곳에 시간과 에너지를 낭비하고 싶지 않다면 내게 들어오는 제안이 나와 얼마나 어울리는지를 살펴볼 필요가 있다. 2차로 고민해 봐야 할 것은 함께 일할 사람이다. 나와 친하다는 이유로 덜컥 제안을 수락하거나 현란한 말솜씨를 구사하는 사람의 사기 비슷한 제안에 넘어가면 정말 골치 아파진다. 무리한 조건이나 의심이 드는 제안을 받는다면 정중히 거절하는 편이 더 낫다.

세상 모든 일이 나의 일자리로 느껴지기까지

"회사 안은 전쟁터, 회사 밖은 지옥"이라는 말이 있다. 많은 직장인들이 공감하는 말이라고 하는데 회사 밖이 모두에게 지옥은 아닐 것이다. 회사 밖에서 자기 사업을 하며 성공한 사람도 있고, 회사 일보다 더 적성에 맞는 일을 찾아 만족스러운 삶을 사는 사람도 있다. 《사장님, 5시에 퇴근하겠습니다》라는 책을 쓴 이와사키 유미코는 자신이 다니던 옛 회사의 단점을 쏙 빼고 야근 없는 회사, 5시 퇴근이 가능한 회사를 창업해 많은 사람들에게 인정받는 성공을 거두기도 했다.

나는 많은 사람들이 회사를 기준으로 안과 밖을 나누지 않기를 바란다. 회사로부터 독립한 상태에서 일하다 보면 외롭고 힘겹고 혹독하게 느껴지는 일들을 겪을 수 있다. 하지만 이건 회사 안에 있을 때도 마찬가지다. 회사에 다니면서 억울하고 황당한 경험 한 번쯤 안 해 본 사람이 누가 있겠는가. 회사 안과 밖의 차이는 흑백논리로만 판단할 문제가 아니다.

행복하고 여유 있는 싱글로 오랫동안 일도 하고 돈도 벌기 위해서는 분명 새로운 일자리와 수입이 필요하다. 회사에서 평생 일하는 건 거의 불가능하기 때문이다. 또한 회사 안에서는 내가 좋아하는 일만 골라서 할 수도 없다. 때로는 나와 맞지 않는 부서에서 내가 싫어하는 일만 해야 할 때도 있다. 아무런 대비 없이 최악의 상황과 마주하지 말고 지금부터 미래의 돈을 찬찬히 생각해 보자. 그래야 쓸데없는 배신감을 느끼지 않는다. 회사는 나에게 의리를 지켜야 할 의무가 없다. 그런 관계를 이해하지 못한 채 어떻게 나한테 그럴 수 있느냐며 울고불고 부들부들 떨지 않길 바란다.

내가 하고 싶은 일을 찾아 제안을 계속할 자신이 있다면 회사 밖이 더 이상 두렵게만 느껴지지 않을 것이다. 오히려 회사에 다닐 때보다 더 다양한 일자리를 경험해 볼 수 있고, 그 경험들이 쌓이고 쌓여 나만의 경쟁력으로 자리 잡게 된다. 그러면 새로운 제안이 들어오기도 하는데, 그때가 바로 세상 모든 일이 나의 잠재적인 일자리로 느껴지는 순간이다. 내가 기대했던 일자리와 미처 생각해 보지 못했던 기회들이 뒤섞이는 순간은 분명 온다.

이런저런 제안을 하며 거절당해도 괜찮다. 내 제안을 들은 사람은 내가 한 이야기를 기억하고 있다. 이 과정이 출퇴근하는 일상처럼 자연스러워지려면 어느 정도 시간이 필요하겠지만, 그 시간을 잘 보내는 것이 나의 잠재적인 일자리를 늘리는 과정이다.

WORK TO DO!

◦ 어떤 일자리 제안을 받고 싶은지 아주 구체적으로 써 보자.

누구도 나를 해고할 수 없는 일자리 환경 구축하기

"저희가 사이트 개편 작업을 준비 중이에요. 칼럼 필진 페이지도 바뀌게 될 텐데 다시 연재 요청을 드릴 때까지 추가 원고 작업은 하지 않으셔도 될 것 같아요. 그리고 저도 다른 부서로 발령이 났어요. 아마 다음 연락은 저 말고 다른 담당자가 드릴 텐데, 그게 언제가 될지는 잘 모르겠습니다."

어느 날 갑자기 날아온 한 통의 이메일에 이런 이야기가 담겨 있었다. 새로운 담당자는 연락이 없었다. 나는 그렇게 하루아침에 칼럼 연재처를 잃었다.

탐색을 통해 내가 하고 싶은 일을 발견하며 제안을 주고받는 과정을 반복하는 동안 일자리와 수입은 서서히 늘었다. 나의 수입 파이프는 책 쓰기, 강연, 칼럼 연재, 콘텐츠 만들기 등 여러 개가 되었다. 이 중 하나의 일이 끊겨도 당장 문제가 되지 않는다. 수입이 0원이 되지 않기 때문이다. 하는 일이 여러 개라는 말은 '안정적'으로 돈을 벌고 있다는 말과 비슷하다.

이러한 설명은 꽤 설득력이 있어 보인다. 회사에서 받는 월급이 수입의 전부인 직장인보다 다양한 수입원을 확보한 프리랜서가 더 안정적일 수 있다고 생각되는 것이다. 하지만 실제로 내가 이 상황을 마주해 보니 꼭 그렇지만도 않았다. 여기에도 약점은 있었다. 그건 바로 나의 '신분'이다. 나는 혼자 일하는 게 아니다. 책을 쓰기 위해서는 출판사와 계약을 해야 하고, 방송을 하기 위해서는 방송국 내 의사결정권자의 결재가 있어야 한다. 강연도 어느 기업이나 기관, 단체 등에서 나를 섭외해야 기회가 생기고, 글을 기고하는 것도 내 글을 실을 매체가 있어야 가능하다. 다양한 곳에서 나에게 일자리와 보수를 제공한다 하더라도 이들이 어느 날 갑자기 나와 함께하지 않기로 결정한다면 내가 기대했던 '안정'은 저 멀리 사라진다. 내가 언제 정리되어도 이상할 게 없는 상황은 분명 '위험'하다고 볼 수 있다.

물론 일하던 곳에서 일거리가 끊겨도 그때마다 새로운 일을 찾아 또다시 제안을 하면 된다. 그렇게 커리어를 계속 쌓으며 나만의 영역을 구축하면 제안을 받는 시기가 또 올 것이다. 그러나 언제까지 이 과정을 반복할 수는 없다. 아무리 하고 싶은 일이라도 내가 정리될 수 있다는 불확실성을 끌어안고 살아야 한다면 항상 즐겁게 일하기는 힘들 것 같다. 내가 정말 원하는 환경은 '하고 싶은 일을 하며 안정적으로 돈을 버는 것'이다. 아마 모든 직장인들이 회사를 벗어난 후 기대하는 이상적인 상황이 아닐까 싶다.

하고 싶은 일을 찾는 것도, 이를 일자리와 수입으로 연결하는 제안도 해 봤지만, 안정적인 미래의 수입을 위해서는 거기서 끝이 아니었던 것이다. 더 나은 방법을 찾아야 했다.

내 손으로 내 일자리 만들기

내가 '안정'을 생각하며 가장 먼저 떠올린 해결책은 바로 내가 원할 때까지 언제까지고 일할 수 있는 환경을 만드는 것이었다. 그 누구도 나를 자를 수 없는 일자리야말로 하고 싶은 일을 하며 안정적으로 돈을 벌 수 있는 최적의 조건이 아닐까 싶었다. 그때 내 머릿속을 스치는 아이디어가 '내 손으로 내 일자리 만들기'였다.

나는 지금까지 하고 싶은 일을 발견한 후 다른 사람에게 제안을 하는 형식으로 일자리를 만들곤 했다. 하지만 내가 직접 내 일자리를 만든다면 이 또한 내가 원하는 일자리가 생기는 방식이 된다. 게다가

'창업'은 나의 '하고 싶은 일' 목록에 들어 있던 항목이 아니던가.

내가 만들었던 벤다이어그램을 다시 살펴보았다. 그러자 스피치와 창업을 합치면 '스피치 센터'라는 내 일자리를 직접 만들어 볼 수 있지 않을까 싶었다. 창업은 목록을 작성할 때까지도 막연한 소망 그 자체였다. 내가 사업자등록증을 내고 무언가를 운영한다는 게 현실적으로 가능한 일인지 생각조차 해 보지 않았다. 그러나 하고 싶은 일을 안정적으로 하기 위해서는 내 손으로 내 일자리를 만들 수 있어야겠다는 생각이 들었다. 나는 그렇게 스피치 사업체를 만들어 보기로 했다.

세상 모든 일이 그렇듯 처음 해 보는 일은 전부 낯설고 어렵게 느껴지기 마련이다. 아무리 스피치 학원이 흔해졌다 해도 내가 직접 일자리를 만드는 건 산 너머 산의 연속일 터였다. 혼자서는 벅찰 것 같아 마음이 맞는 누군가와 같이하면 정말 좋겠다는 생각이 들었다.

이런 마음으로 사람들을 만나서였을까? 생각지도 못한 친구가 눈에 들어왔다. 지난 몇 년 동안 연락이 닿지 않았는데, 정말 우연히 서로가 같은 마음일 때 편하게 만나 이야기를 나누다 그 친구 역시 '안정적 일자리'에 관심이 있다는 것을 알게 되었다. 사실 그 친구는 내가 아나운서 학원에서 가르쳤던 제자였다. 꾸준히 아나운서 준비를 하여 원하던 방송국에서 활동하다 결혼을 계기로 일의 패턴에 변화가 생긴 참이었다. 방송국을 옮기고 시간적 여유가 생겼지만 안정적인 일자리에 관심이 많다고 했다.

나는 주저하지 않고 그녀에게 내 계획을 제안했다. 그녀도 망설이지 않고 내 제안을 받아들였다. 그렇게 우리는 '내 손으로 내 일자리 만들기' 프로젝트를 본격적으로 실행해 보기로 했다.

스피치 학원 창업을 준비하면서 가장 먼저 할 일은 이름을 정하는 것이었다. 이름이 있어야 홈페이지, 명함, 전단지 제작이 가능하고 사업자등록도 할 수 있다. 수차례의 회의를 통해 수많은 후보가 버려졌다. 이름을 생각하며 업의 본질을 깊이 고민했다. 말하기를 배우고 싶어 하는 사람들의 목적이 무엇일까, 왜 말하기를 배우고 싶어 할까 곰곰이 생각해 봤다. 그러자 면접관, 동료, 상사, 친구 등에게 구구절절 긴 설명을 장황하게 하는 대신 간결하고 매력 있고 여유 넘치게 말하고 싶어 할 거란 생각이 들었다. 어쩌면 그 이상적인 스피치가 상대방을 '첫눈'에 사로잡는 순간이 아닐까 싶었다. 그 아이디어에서 착안해 이름이 결정되었다. 나는 '첫눈스피치'의 공동 대표가 되었다.

사업자등록증을 내고 홈페이지와 명함, 전단지를 제작했다. 수업 커리큘럼을 짜기 위해 워크숍도 다녀왔고, 사업자 통장도 만들었으며, 인터넷으로 수강료 결제가 가능하도록 통신판매업 신고도 했다. 첫눈스피치를 위한 공간을 따로 마련하지는 않았다. 무리해서 공간을 임대하는 대신 스터디룸을 빌려서 출강 형식의 수업을 하기로 했다. 학원 임대료라는 고정비를 없앤 덕분에 수강료를 비싸지 않게 책정할 수 있었다. 짧게 설명된 이 몇 줄의 과정을 무사히 마무리하느라 몇 개의 산을 넘었는지 모른다. 이 과정 중에 내가 잘 알고 있던 것은 하나도 없었다. 전부 직접 알아보고 부딪혀 가며 깨우치길 수차례, 내가 모르는 세상을 겪으며 새삼 겸손을 배웠다.

나는 여기서 모든 준비가 끝난 줄 알았다. 하지만 첫눈스피치가 넘어야 할 산은 또 있었다. 바로 '홍보'였다. 수업 내용이 아무리 좋고 취지가 훌륭해도 수강생이 없으면 아무런 의미가 없다. 지역별 대학교 지도를 그린 후 각 학교를 돌며 면접 스피치 홍보 전단지를 지문이 닳도록 붙였다. 좌충우돌의 연속이었지만 그래도 간절함이 통했는지 드디어 수강 문의가 들어오기 시작했다. 문의에 응대를 하는 것만으로도 얼마나 설레고 행복했는지 모른다. 상담을 하기까지 모든 과정을 잘 극복해 왔다는 생각에 벅찬 마음을 가눌 길이 없었다.

첫눈스피치는 아직도 열심히 운영 중이다. 커리큘럼도 다양하게 확장하며 성장을 위해 노력하고 있다. 어느 정도 '내 손으로 내 일자리 만들기'에 성공했다고 말할 수 있을 것 같다. 나는 이 일로 어마어마한 자신감을 얻었다. 내 손으로 내 일자리를 만드는 일이 가능하다는 것을 확인하고 그 일자리에서 수입이 생기자 '하고 싶은 일을 하며 안정적으로 돈 벌기'가 헛된 꿈이 아님을 알게 된 것이다. 내가 폐업 신고를 하지 않는 한 나는 언제까지고 첫눈스피치의 대표일 것이다. 그리고 그 누구도 나를 자를 수 없는 환경에서 계속 일하게 될 것이다. 또한 나의 노력에 따라 수입은 더 늘어날 수도 있을 것이다. 내가 직접 일자리와 수입을 만들 수 있다는 사실은 '제안'의 단계에만 머물던 나의 수입 구조를 확장시키는 절대적인 계기가 되었다.

'내 손으로 내 일자리 만들기' 프로젝트인 '첫눈스피치'를 연 후 나는 생각보다 많은 사람들이 스스로 일자리를 만들고 돈을 벌고 있다는 걸 알게 되었다. 그들은 바로 스타트업에 뛰어든 젊은 대표들이다. 물론 그들 모두 하고 싶은 일을 하며 안정적으로 돈을 벌고 있다고 말할 수는 없을 것이다. 하지만 적어도 자신의 일자리를 직접 만들 정도라면 하고 싶은 일을 발견하고 다른 사람들에게 제안을 하는 것쯤은 아무렇지 않게 실천할 거라고 생각한다. 이미 회사로부터 독립을 한 후 새로운 영역을 개척해 가는 경험을 통해 자신감은 물론이고 스스로를 책임질 경쟁력까지 갖췄으리라고 어렵지 않게 추측할 수 있다.

안정적인 미래의 수입을 얻는 방법으로 자신의 일자리를 직접 만드는 것도 있다는 걸 생각해 보자. '일자리의 탄생'을 누가 주도하느냐가 수입의 안정성을 결정하는 상당히 중요한 기준이 된다. 남이 만든 일자리는 어디까지나 그 사람의 의지에 따라 내 신분이 결정되고 만다. 내가 만든 일자리가 아닌 이상 원하는 만큼 오래 일하며 안정적으로 돈을 벌고 싶다는 내 소망은 고용주에게 아무런 영향력을 발휘하지 못한다.

내 일자리를 내 손으로 만드는 과정이 말처럼 쉬운 건 아니다. 그 도전에서 실패했을 때 어느 정도 타격을 입을 수도 있다. 내가 추천하고 싶은 방법은 나처럼 작은 프로젝트 형태로 부담 없이 시작해 보는 것이다. 본업이 있는 상태에서 다음 단계의 준비를, 혹은 보험 수준의 대비를 해 보면 좋을 것 같다. 자신감을 확인하는 수준이어도 충분하다. 중요한 건 일자리 창출의 주도권을 경험해 보는 것이다.

스스로 자신의 고용주가 되는 작은 프로젝트는 무모한 도전이 아닌 삶의 활력이 됨을 느낄 수 있을 것이다. 작은 실험일지라도 내가 무언가를 하고 있다는 두근거림, 어쩌면 진짜 경제적 독립이 가능할지도 모른다는 기대감, 예전보다 성장한 스스로에 대한 발견 등이 어우러지면서 상당히 의미 있는 결과를 얻게 될 것이다. 그렇게 조금씩 일자리와 수입에서 성취의 경험을 늘려 갈 때 안정적 돈벌이가 막연한 소망이 아님을 느낄 수 있을 것이다.

WORK TO DO!

◦ 내 손으로 내 일자리를 만드는 5단계

① 벤다이어그램을 통해 발견한 나의 창업 아이템이 있는가?
② 그 아이템으로 회사 이름을 짓는다면?
③ 서비스 · 홍보 전략은 무엇인가?
④ 고객이 무료로 서비스를 체험할 수 있는 베타테스트 실행 전략이 있는가?
⑤ 베타테스트에서 얻은 피드백을 적용해 실전에 돌입해 보자.

◦ 만약 누군가와 동업을 하고 싶다면 내가 원하는 동업자의 기준을 미리 정리해 보자

직업의 의미 재정립하기

"저는 여행하면서 자유롭게 일하는 게 꿈이에요."

퇴사하고 싶다고 부르짖던 어느 여성 직장인의 간절한 소망이었다. 그녀는 자신의 마음속 바람을 털어놓으며 꿈을 꾸는 듯한 표정을 지었다. 그 꿈을 진짜 이룰 수 있다고, 그런 생활을 하며 돈을 버는 사람은 분명 있다고, 나는 응원의 기운을 가득 담아 이야기해 주었다. 그러나 내 말을 현실성 있게 받아들이는 것 같지는 않았다.

나는 지난 2017년 2월에 홍콩 여행을 다녀왔다. 홍콩 특유의 분주한 도시 풍경도 즐기고 완탕이나 딤섬 등 맛있는 음식도 먹었지만,

그곳에서 '여행'만 한 것은 아니었다. 홍콩의 야경이 아주 잘 보이는 벤치에 앉아 그림 같은 풍경을 감상하며 '일'을 하기도 했다. 원고 마감을 지키느라, 새로운 제안을 하느라, 내가 맡게 될 강의의 커리큘럼을 수정하느라 여행 중간중간 분주한 시간을 보내야 했기 때문이다. 내가 그 일들을 해야 할 시기와 오래전에 예약해 둔 홍콩 여행이 딱 겹쳐 어쩔 수 없었다. 그런데 신기하게도 그 일들이 내 여행을 방해한다는 생각은 조금도 들지 않았다. 오히려 여행 중에도 일을 하며 돈을 벌 수 있다는 사실에 감동을 받을 정도였다. 날마다 출근하지 않아도, 일주일에 5일 이상을 일하지 않아도, 하루에 8시간 넘게 책상 앞에 앉아 있지 않아도 일을 할 수 있다는 건 누구나 원하는 근무 조건일 것이다. 이것은 내가 미래의 돈을 꿈꾸기 시작한 때부터 그려 온 일자리의 모습이기도 했다. 실제로 여행 중 틈틈이 일을 해보니 직업의 의미가 새롭게 다가오기도 했다.

'하고 싶은 일을 하면서 안정적으로 돈 벌기'의 또 다른 조건은 바로 시간과 공간으로부터 자유로워야 한다는 것이다. 내 시간을 내가 원하는 스케줄에 따라 마음대로 쓸 수 있어야 주도적으로 일할 수 있고, 내가 원하는 근무 환경을 직접 설정할 수 있어야 장소에 얽매이지 않을 수 있기 때문이다. 가장 효율적으로 일할 수 있는 시간과 장소를 골라 즐겁게 일하면 그만이다. 실제로 이렇게 일을 하게 되면 어떤 장점이 있을까?

〈시애틀 타임스〉의 칼럼니스트인 모니카 구즈만은 침대에서 일어나 펑퍼짐한 잠옷을 입고 머리는 지저분하고 입 냄새를 풍기면서 납작한 검정색 소파에 앉아 조명도 끈 채 노트북 키보드를 두드릴 때 가장 일이 잘된다고 밝힌 바 있다. 이것이 바로 완성도 높은 일의 결과물을 얻는 그녀만의 근무 조건인 것이다.

하고 싶은 일을 원하는 시간과 장소에서 자유롭게 하는 사람들은 또 있다. 《딥 워크》에도 각자 자신이 원하는 조건을 설정해 집중해서 일하는 사람들의 이야기를 찾아볼 수 있다. 조앤 롤링은 에든버러 도심에 있는 5성급 호텔인 밸모럴 호텔의 스위트룸에서 해리포터 시리즈의 마지막 책인 《죽음의 성물》을 썼다. 책 쓰기에 필요한 집중력이 아주 잘 발휘되는 장소라 기꺼이 돈을 지불했다고 한다. 기업가이자 소셜 미디어 개척자인 피터 셍크먼은 고도 3만 피트 높이의 비행기에서 가장 집중이 잘 된다는 것을 알게 된 후 도쿄행 왕복 비행기 안에서 책 원고를 썼다고 한다. 일본 여행이 목적이 아니라 오직 글을 쓰기 위해 미국과 먼 일본행 비행기를 탄 것이었다.

일의 즐거움과 수입의 만족도가 함께 높아지려면

하고 싶은 일을 하면서 돈을 버는 것이 자유로운 근무 환경에서 비롯되는 것이라면 더 바랄 게 없을 것 같다. 5성급 호텔의 스위트룸까지는 아니더라도 나 역시 여행을 하며 일을 할 수 있을 정도의 환경이 그렇게 좋을 수 없었다. 내가 주도적으로 시간과 장소를 선택할 수 있다는 느낌은 일을 더욱 즐겁게 만들어 주었다.

나는 이런 방식으로 일을 하면서 돈도 잘 버는 이들의 결과물을 주의 깊게 살피곤 한다. 그들은 대부분 창의적으로 일하고 경제적으로도 풍요로워 보였다. 그리고 그 누구보다 행복하게 일하는 것처럼 느껴졌다. 하고 싶은 일을 하며 안정적으로 돈을 버는 이상적인 모델 같았다. 내가 내린 나름의 결론은 다음과 같다.

> 시간과 장소를 직접 설정하며 일한 덕분에 집중력이 높아져 일의 결과물이 좋아진다. 그로 인해 수입은 늘어나고 일의 만족도도 덩달아 높아진다. 일을 해야만 하는 대상이 아닌 하고 싶어지는 존재로 만든다. 열심히 하는 사람도 못 당하는 즐기며 일하는 사람이 된다. 결과적으로 하고 싶은 일을 하며 더 좋은 수입을 얻는 선순환 구조를 만들게 된다.

하고 싶은 일을 하며 안정적으로 돈을 벌기 위해서는 스스로를 많은 부분에서 변화시켜야 한다. 지금까지 해 온 직업, 업무 환경, 일하는 스타일에 만족하지 못했기 때문에 미래를 고민하는 것이 아닌가.

그렇다면 이전까지와는 다른 방식을 선택해야 한다.

물론 갑자기 직업의 의미를 새롭게 정립하는 것이 비현실적으로 느껴질 수 있다. 직접 시간과 장소를 정해서 일한다는 것이 허무맹랑하게 들릴 수도 있다. 이에 대해 《나는 4시간만 일한다》를 쓴 팀 페리스는 이렇게 말한다. "현실적인 일보다 비현실적인 일이 더 쉽다." '현실적인' 목표에 대한 경쟁이 가장 피 터지는 구간이며 역설적이게도 가장 힘든 삶이라는 것이다. 그는 100만 달러를 모으는 것보다 1,000만 달러를 모으는 게 더 쉽고, 유별나게 큰 목표를 이루는 게 더 가뿐하다고 말한다.

누구나 이상적으로 생각하는 직업의 조건과 의미가 있을 것이다. 지금 하고 있는 일과 업무 스타일이 마음에 들지 않는다면 지금까지의 방식을 다 잊는다고 생각하고 은밀하게 품어 왔던 이상적인 일의 기준을 목표로 삼아 보자. 직업의 의미를 재정립하고 그 일을 어떤 방식으로 하고 싶은지 새롭게 구상해 보자. 그게 바로 미래의 돈 걱정을 해소할 수 있는 종착역이 될 것이다. 내가 정한 직업의 의미에 따라 즐겁고 행복하게 일한다고 생각해 보자. 당연히 일의 결과도 좋을 것이고, 그 일이 더 높은 수준의 수입을 만들어 줄 것이다.

WORK TO DO!

◦ 나는 어떤 환경에서 업무 집중력이 높아지는가?

◦ 나는 언제, 어디서, 어떤 방식으로 일하고 싶은가?

내가 마련한 내 집에서 내가 좋아하는 일하며 살기

사람마다 내가 진짜 어른이 된 것 같다고 느낀 순간이 있을 것이다. 나에게는 그 순간이 바로 '내가 원하는 곳으로 거주지를 바꿀 수 있는 때'였다. 집안 어른들의 결정에 따라 이사를 가는 것이 아니라 내가 원할 때 내가 원하는 곳으로 이사를 갈 수 있는 경제력은 내가 나를 책임질 수 있는 상황 그 자체였으니까.

나는 그 욕구를 직접 해결하며 살 수 있는 어른이고 싶었다. 그래서 어릴 때부터 열심히 돈을 관리했다. 그게 곧 경제력 향상으로 연결되었고, 결국 나는 내 손으로 내 거처를 마련할 수 있는 어른으로 성장할 수 있었다. 내가 마음만 먹으면 이사를 가는 것쯤은 얼마든지 할 수 있는 사람이 된 것이다.

그게 곧 삶의 자신감과 연결되어 나를 더욱 행복한 싱글로 살게 했다. 내 마음대로 할 수 있는 돈이 있다는 것, 그 정도가 거처를 이동할 수 있는 만큼의 돈이라는 것, 멀리 떠나고 싶을 땐 그렇게 해도 된다는 것은 삶의 만족도와 직결되었다.

실제로 내가 알고 지내는 20대 후반의 한 여성은 취업을 하자마자 월셋집을 구해 독립을 했다. 그 후 더욱 열심히 돈을 더 모아 최근에는 1억 원대의 전셋집으로 옮겼는데, 그런 그녀의 행보가 얼마나 멋있게 보이던지! 그녀 역시 자신의 힘으로 거주지를 마련하고 더 좋은 조건으로 옮기는 노력을 하는 스스로를 진짜 어른으로 받아들이고 있었다. 어떤 선택을 하더라도 자신이 주체가 되어 결정하는 모습이기도 했다.

결국 내가 관리하는 돈의 크기가 스스로 내 욕구를 얼마나 충족시켜 줄 수 있는지를 증명한다는 생각이 들었다. 그리고 그 증명을 잘하느냐가 곧 행복한 싱글의 삶을 가르는 기준이 되지 않을까 싶기도 하다. 그러한 상황은 내가 나를 책임지는 데 대한 지표가 될 수 있기 때문이다.

여기에 더해 좋아하는 일을 하며 오래도록 돈을 벌 수 있는 상황을 구축하는 것이 행복한 싱글의 삶을 완성하는 마지막 단계일 것이다. 시간이 지날수록 관계의 단절을 경계해야 한다. 또한 '하고 싶은 일'이 점점 사라지는 것도 피해야 한다. 즐거운 삶이란 하고 싶은 일이 많은, 호기심이 가득한 일상과 크게 다르지 않다.

요즘 같은 시대에 내 집을 사는 게 불가능에 가깝고, 좋아하는 일을 하면서 돈을 버는 건 꿈같은 이야기라고만 생각하지 말았으면 좋겠다. 어차피 행복은 어디까지나 내 만족이 기준이 된다. 내가 사는 '집'이고 내가 하는 '일'이다. 몇 억짜리 아파트가 아니라서, 남들이 인정해 주는 일이 아니라서 피하거나 지레 포기하는 일은 없어야 한다.

당당하고 행복한 싱글이 되고 싶다면 무엇보다 스스로를 책임지겠다는 노력이 이뤄져야 한다. 그 노력을 하고 있는 나 자신부터 가장 아끼고 사랑해 주길 바란다. 그래야 내가 일구는 모든 것들이 소중하고 애틋하다. 내가 관리하는 돈에도 애정이 실리면서 궁극적으로 내가 도달하고 싶은 행복과 만날 수 있을 것이다.

그 과정에서 세상이 말하는 '평균 값'에 내 행복의 기준을 맞추려 하지 말자. 평균 집값, 평균 임금, 평균 점수, 평균 나이 등 다 의미 없는 수치일 뿐이다. 사람마다 자기만의 '기준 값'을 갖고 살면 그만이다.

모든 사람들이 다 같은 것을 먹고 같은 말을 하고 같은 사람을 만나는 것도 아닌데 나와 조금만 다르면 이상하게 보곤 한다. 그 눈빛을 거뜬히 튕겨 낼 수 있다면 얼마든지 행복한 싱글로 살 수 있을 것이다. 내가 마련한 나만의 집에서 내가 좋아하는 일을 하면서. 그게 바로 내가 찾은 행복한 삶의 해답이다. 그 마음으로 돈 관리를 했더니 조금도 힘이 들지 않았다. 이제는 그 즐거운 돈 관리에 대해 행복해지고 싶은 싱글들에게 말해 주고 싶다. 스스로를 책임지는 사람이 되면 그만이라고, 내가 원하는 집과 일을 생각하며 돈을 관리하면 된다고 말이다. 내게 행복을 가져다주는 파랑새는 멀리 있지 않다. 내가 살고 있는 공간과 내가 몸담고자 하는 일에 있다. 그 행복을 내 손에 꼭 쥐여 줄 수 있는 사람이 되고 싶다면 지금 당장 나만의 돈 관리를 시작해 보자.

정은길